幸福
城记

丛书

# 幸福"赢"商

## 幸福城市语境下的城市营商环境

中国幸福城市杭州研究中心
中国幸福城市实验室

——— 编 ———

H A P P I E S T   C I T Y

| 读 城 识 幸 福 |

ZHEJIANG UNIVERSITY PRESS
浙江大学出版社

·杭州·

图书在版编目（CIP）数据

幸福"赢"商：幸福城市语境下的城市营商环境 /
中国幸福城市杭州研究中心，中国幸福城市实验室编. --
杭州：浙江大学出版社，2023.12
ISBN 978-7-308-24416-9

Ⅰ. ①幸… Ⅱ. ①中… ②中… Ⅲ. ①投资环境－研
究－中国 Ⅳ. ①F832.48

中国国家版本馆CIP数据核字(2023)第217093号

**幸福"赢"商——幸福城市语境下的城市营商环境**
XINGFU YING SHANG: XINGFU CHENGSHI YUJING XIA DE CHENGSHI YINGSHANG HUANJING

中国幸福城市杭州研究中心　中国幸福城市实验室　编

| | |
|---|---|
| 策划编辑 | 吴伟伟 |
| 责任编辑 | 马一萍　陈　翮 |
| 责任校对 | 陈逸行 |
| 封面设计 | 雷建军 |
| 出版发行 | 浙江大学出版社 |
| | （杭州市天目山路148号　邮政编码　310007） |
| | （网址：http://www.zjupress.com） |
| 排　　版 | 杭州林智广告有限公司 |
| 印　　刷 | 杭州钱江彩色印务有限公司 |
| 开　　本 | 710mm×1000mm　1/16 |
| 印　　张 | 12 |
| 字　　数 | 184千 |
| 版 印 次 | 2023年12月第1版　2023年12月第1次印刷 |
| 书　　号 | ISBN 978-7-308-24416-9 |
| 定　　价 | 58.00元 |

# 目录
C O N T E N T S

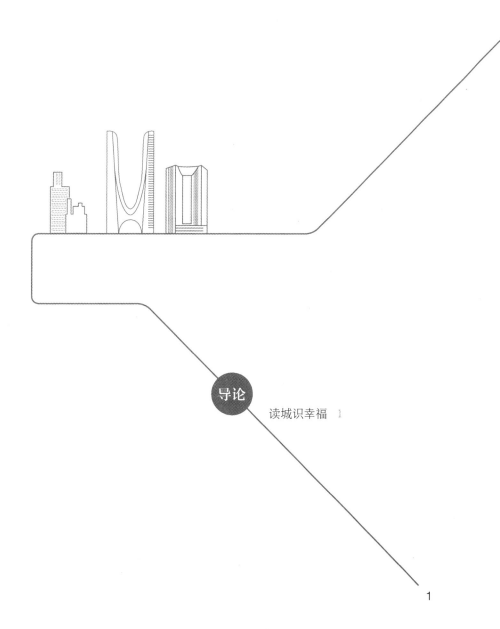

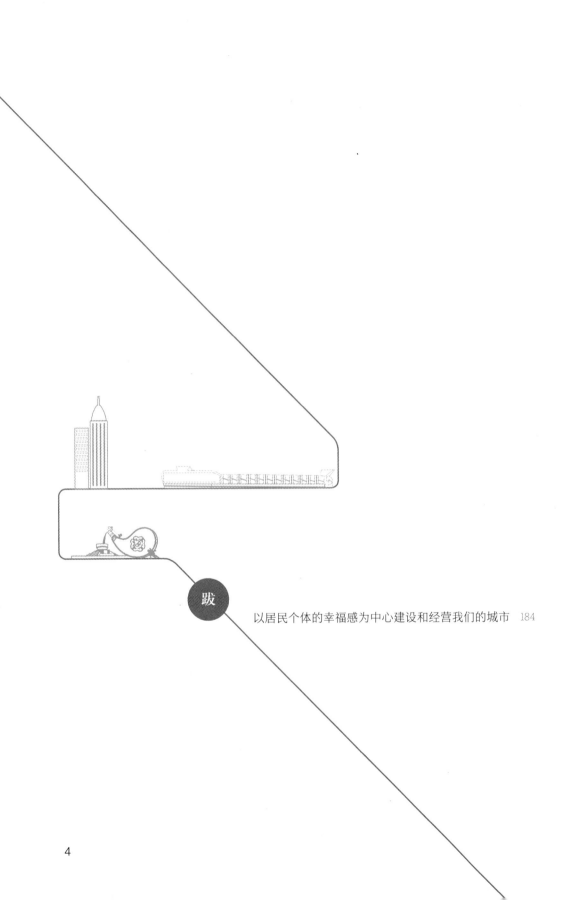

# 导　论

## 读城识幸福

随着经济与社会的发展，人类的生活轨迹发生了明显的变化，越来越多的劳动力由于不同的原因从农村涌入城市。研究者估计，到2050年，全世界70%的人都会生活在城市。中国已成为城市人口增长的主力军。根据联合国的估计，2050年中国的城镇化率将达到71.2%。

越来越多的年轻人来到城市，为城市带来新的想法与生机，城市是否也为这些外来人口和当地居民带来了相应的快乐与幸福呢？

城市之所以吸引越来越多的年轻人定居，是因为其带来的更高的收入、更多样化的选择、更多的创新想法、更自由的生活空间，以及更现代的生活方式等。然而，快速城市化的危害也刺痛了城市居民以及盼望着在城市扎根的新"移民"。比如，城市房价难以负担，很多人不得不生活在城市周边的区域，这使得他们经常暴露在一些潜在的危险中。再如，城市交通拥堵、居住条件恶劣、温室气体或有害气体排放、绿地被侵占或污染，这些都削弱了城市的魅力。因此，关于城镇化的反思越来越多，几乎都聚焦在一个问题上，即经济发展是否一定能给人民带来幸福。快乐与幸福成为经济学家、哲学家、心理学家等不断论及的话题，政府也不断强调要让城市居民感到幸福。

城市居民的幸福感成为生活在城市中的居民、媒体、社区、政府部门、学术界等多方共同的重大关注对象。什么是居民的幸福感？影响居民幸福感的因素都有哪些？如何度量幸福感的强弱？国际多边组织、国家（地区）、不同的机构都开始基于自身对幸福城市的理解进行测量或调查。

一

关于"幸福城市"这一表述，中国最早的官方记录是江苏省江阴市于2005年提出的建设"幸福江阴"的宏伟目标。最初的"幸福江阴"是与经济期望挂钩的，即江阴市政府希望其2010年的人均GDP能在2005年的基础上翻一番。综观国外，未见明确的"幸福城市"概念，但不乏相关主题的研究，大致分两类：一是研究城市中居民对自己生活水平总体的评价（life evaluation）；二是研究城市中居民的生活质量（quality of life）。前者研究的是生活在这个城市里的居民的幸福感水平，但并不讨论这个城市带给居民的幸福感；后者并不测量城市中居民主观的幸福感，而是测量生活质量的方法，即通过客观的指标，由专家来评定不同城市的生活水准，最终判定城市适宜人类生活的程度。在使用第一类方法的排名中，最著名的是联合国评选的"全球最幸福的国家"（《全球幸福指数报告》，*World Happiness Report*）；在使用第二类方法的排名中，经常被国内引用的是英国经济学人智库评选的"全球宜居城市"（《全球宜居指数报告》，*Global Liveability Index*）。国外相对主流的城市宜居性排名还有美国美世的生活质量排名、英国《单片镜》杂志的生活质量调查、德国德意志银行的宜居性调查等。

在中国，最受关注的幸福城市排名，是每年由新华社《瞭望东方周刊》与瞭望智库共同主办的"中国最具幸福感城市"调查推选活动发布的《中国城市幸福感报告》。这一排行榜将中国城市分四个不同的城市层级进行排名（省会及计划单列市、地级市、县级市、城区）。它与前文提到的两类排名的不同之处在于，将城市居民的主观幸福感受与客观的评价指标相结合进行评定。具体来说，区别于《全球幸福指数报告》直接测量居民的幸福程度，也区别于《全球宜居指数报告》由专家来确定不同指标的分数，"中国最具幸福感城市"调查是参考居民的主观回答，结合专家意见，再通过大数据分析结果进行调整，最终得出排名。

## 二

2011年6月，联合国大会通过了由不丹提出的非约束性决议。该决议倡导"各国政府在决定如何实现和衡量社会经济发展时，应该更加重视人民的快乐和幸福"。从2012年开始，联合国每年发布《全球幸福指数报告》（2014年中断一次）。这份报告的主要数据来源于2014—2018年的盖洛普世界民意调查中15岁及以上的常住人口，其中最受瞩目的年度幸福排名就是以盖洛普世界民意调查的生活满意度指标为依据的。以2020年《全球幸福指数报告》为例，该报告的第三部分讨论了不同城市的幸福感。它以特定的人口规模、市域面积、职能单位、生活与工作的便利度以及社会互动程度为评判标准，选取了世界上186个城市进行排名。它主要包含三个榜单：一是对当前生活的满意度的评估；二是对未来生活的预期满意度的评估；三是对每天的情感体验的排名。

第一个排行榜通常也被视为全球城市幸福感排行，采用自评的方法来测量生活满意度。具体而言：被调查者想象自己面对一列阶梯，阶梯底部赋值为 0，顶部赋值为 10；0 代表最坏的生活，10 代表可能的最好生活。被调查者据此回答"你觉得自己现在的生活是在阶梯的哪个位置"这一问题。这份幸福感报告的一个非常突出的特点是，问卷选项并不是研究人员（或决策者）通常认为重要的那些因素，也不是按照有限数量的客观的生活质量指标来设计，而是完全以城市居民自己的主观幸福感为依据。这份报告称，"我们的排名是自下而上的，'解放'了城市居民自己认为重要的那些因素"。

《全球幸福指数报告》不探讨什么是幸福，而是直接询问被调查者感受到自己有多幸福。所以，所有的选项都是基于被调查者个人对幸福的理解来完成的。《全球宜居指数报告》与此不同，它是根据不同的组织机构对宜居性的不同理解，设计不同的指标和标准，进行调研并得出结果。

换言之，《全球宜居指数报告》通过定性指标和定量指标来综合评价一个城市的生活质量。定性指标是由内部分析师来确定评级，定量指标则通过外部的数据来计算评级。该排名之所以受到广泛关注，是因为它统一量化了所有可能对人类生活构成挑战的项目，并使得生成于不同区域、不同文化背景的指标可以直接进行比较。《全球宜居指数报告》不仅包含针对 140 个城市的宜居性调研，还包含全面的政治环境分析、关键经济指标的分析与预测，而这主要是为了帮助企业管理者和政府更好地做出决策。另外，《全球宜居指数报告》的一个很现实的意义在于：帮助企业管理者决定，当一个雇员要被派遣到一个不易生存（例如空气污染严重、生活水平低下）的环境工作时，企业应当给予多少额度的津贴。

作为一个商业性排行榜，用户必须付费才能获得完整的报告内容。

但是，经济学人智库每年会发布一份可免费获取的报告《全球宜居性概述》，其中包含该年评选出的排在前十名与后十名城市的相关介绍。

《全球宜居性概述》根据安全稳定性、医疗保健、文化与环境、教育、基础设施等五类共 30 个因子对入选城市进行评估。每一类指标的具体内容和权重如下。

第一类：安全稳定性，权重为 25%，包含轻微犯罪流行率、暴力犯罪流行率、恐怖威胁、军事冲突威胁、内乱/冲突威胁等五因子。

第二类：医疗保健，权重为 20%，包含私人医疗保健可用率、私人医疗保健质量、公共医疗保健可用率、公共医疗保健质量、非处方药的可用性和一般医疗保健等六个因子。

第三类：文化与环境，权重为 25%，包含湿度/温度等级、对旅行者的不适度、腐败程度、社会或宗教限制、审查制度级别、运动可用性、文化可用性、食品和饮料、消费品与服务等九个因子。

第四类：教育，权重为 10%，包含私立教育的可用率、私立教育质量、公共教育质量等三个因子。

第五类：基础设施，权重为 20%，包含道路网络质量、公共交通质量、国际连接质量、优质房屋供给的可用率、能源供应质量、供水质量以及电信质量等七个因子。

每个因子都设有若干选项，包括"可接受的""可容忍的""不舒服的""不是期望的""不可忍受的"等。调查人员根据选项赋值，对因子分数进行编译和加权，最终得到总的分值（其中，1 分被视为糟糕的生活，100 分被视为理想的生活）。

将《全球宜居指数报告》与《全球幸福指数报告》进行比较，可以发现两者在确定入选城市的标准时，有着较大的不同。即便同时在两个排名中都上榜的城市，其排名也存在先后。《全球幸福指数报告》中，基于主观幸福量表得出的排在前十名的城市基本分布在斯堪的纳维亚半岛、澳大利亚和新西兰;而《全球宜居指数报告》中,出现了加拿大以及亚洲的城市。对于这两套排名体系的结果存在差异的事实,我们尝试从以下几个方面做出解释。

第一个也是最重要的原因,是两套排名体系的基本指导思想和功能不同。《全球幸福指数报告》旨在反映不同城市中居民在相关项目上的主观感受,而不是他们实际拥有或者享用到的客观条件的水平。《全球宜居指数报告》是基于城市的安全稳定性、医疗保健、文化与环境、教育和基础设施等五个客观因素来进行评判的,更倾向于对城市状态采取科学主义的评价视角,倾向于呈现人们所生活的城市的状况。当然,这样的划分也不是绝对的,两套排名体系都是主观与客观之间的不同程度的综合,所不同的只是侧重于谁的主观、谁眼里的客观。

第二个可能的原因,可以从指标体系制定者的文化属性方面去寻找。在不同的文化体系下的"专家",会有不同的赋权倾向。《全球宜居指数报告》的研究者研发制定并用以实施的各级指标及其赋权策略,是基于西方发达国家视角,无法确定是否完全适合其他国家或文化。举个例子,在《全球宜居指数报告》中,安全稳定性、文化与环境的权重均为25%,但也许在一个战乱的国家,其人民对安全稳定性的权重要求远高于对文化与环境的权重要求。

第三个原因,可以从接受调查者的文化心理方面去寻找。比如,不同受访者对主观量表的认知以及选择偏好存在差异。一个已经被观察到的现象是,亚洲人在填写主观量表时,不愿意表达自己过于极端和清晰的态度,比如很少选择"非常满意"或"完全赞同"这类选项。这个中庸的倾向性,在西方的跨文化研究中也早有讨论。因此,我们可以推测亚洲人在填写这类问卷时更倾向于保守地表达自己的幸福感。

　　中国也有一些与之类似的城市综合性排名。比如，华顿经济研究院编制发布的年度"中国百强城市排行榜"，它根据国家统计局的数据，结合经济和非经济两大系列指标进行综合测算。比较而言，"中国最具幸福感城市"榜单是中国最具影响力、最广为人知的城市幸福感排行榜。

三

　　在中国，"幸福城市""城市幸福感"的话题于 2005 年首次提出。"幸福"这个概念一经提出，就以极为迅猛的速度传播到中国社会的各个领域。在传媒领域，从 2007 年开始，"中国最具幸福感城市"调查推选每年如期举办。学术界关于幸福感话题的研究也从心理学、社会学扩展到了经济学、城市学以及其他学科。此外，系统研究"幸福"概念的山东大学教授邢占军也表示，2005 年之前，"幸福"研究几乎无法影响政府决策；而 2005 年以后，"幸福"的作用开始受到决策者的关注。

　　由新华社《瞭望东方周刊》与瞭望智库共同主办的"中国最具幸福感城市"调查推选活动，从 2007 年启动，迄今已连续举办 17 届。该调查推选活动通过大数据采集、问卷调查、材料申报、实地调研、专家评审等方法进行。大数据采集依据科学的指标体系，通过网络抓取与幸福感有关的城市画像和人的行为数据进行分析。问卷调查采用网络调查方式进行，借助李克特量表，了解被调查者对所在城市各个具体方面的感受，包括收入、交通、医疗、教育、安全、环境、城市吸引力、城市生活品质等。材料由各城市自行申报，并经专家审核。最终调查结果是公众主观调查与客观数据调查的结合，并经专业评审委员会确认。在选取 100 个地级及以上城市和 100 个县级城市（区）时，调研组也进行了充分考量，参考了中国社科院财经战略研究院等机构历年发布的《中国城市竞争力报告》以及由中国社科院主管的中小城市经济发展委员会等机构发布的"年度全国综合实力百强县市（区）"等名单。

评估结果主要包括不同城市的总体幸福度和具体幸福度。方法是：以城市幸福感指标体系为坐标，根据大数据采集、问卷调查、材料申报、专家评审、实地调研等数据和材料汇总，考察教育、交通、就业、居民收入、医疗健康、生活品质、生态环境、城市吸引力等九个方面的具体城市幸福度，最后将各指标的分数加总（权重一致），计算该城市的总体幸福度。这种测算法与盖洛普公司的全球幸福感指标的测算方法类似，后者将幸福感分为职业、社交、财务、社区、身体等五个不同领域进行评估，调查对象在 0 ～ 10 分中选择，以匹配自身的幸福程度。

值得一提的是，"中国最具幸福感城市"调查推选中的每个一级指标都由一个城市居民的获得感维度问题和一个对政府治理评价的维度问题组成（以生态环境指标为例：城市居民获得感维度——"我所在的城市自然环境好，可以深呼吸"；政府治理的维度——"我对所在城市的生态治理很满意"）。考虑到不同类型的城市在资源、规模、功能等方面的不同需求，最终的报告呈现了四个不同的排行，即省会及计划单列市的排行、地级市的排行、县级市的排行、城区的排行。

相比于联合国的全球幸福城市排名，英国的全球宜居城市排名与"中国最具幸福感城市"的排名方法相似度更高：在调查评选中都是依据自己定义的"好的城市"的指标进行提问；纳入的指标基本一致，比如都涉及教育、医疗、基础设施/交通、安全稳定性、文化与环境/生活品质、生态环境等。可见，不同国家对于客观上哪些因素会影响城市居民的生活品质是有着基本共识的。不过在具体操作上，全球宜居城市排名主要是由经济学人智库的研究员对不同的维度进行评分，"中国最具幸福感城市"排名是由居民个人对不同指标的内容进行评价，再结合大数据以及专家评审意见得到最终分数。

在前文中，我们简要地阐明了《全球幸福指数报告》主要基于主观幸福感，旨在呈现城市个体的主观感受；而《全球宜居指数报告》主要基于客观的指标，旨在呈现不同城市的生活状况的排行。但是，当我们将"中国最具幸福感城市"排行与前两个排行进行比较时，可以发现该排行在幸福感调查和排行榜设计中的创新：尽可能将城市居民的主观幸福感测量与城市客观条件相结合。也因此，"中国最具幸福感城市"排名连续多年备受关注，在中国形形色色的城市排行榜中独树一帜，牢牢占据了最具影响力排行榜的地位。同时，这个排行也具有了产生国际影响的潜力。

幸福感，特别是城市幸福感的测量，依然是一个充满挑战性的问题，需要在指标确定的学理基础、度量的准确性、赋权的合理性、模型算法的科学性方面继续深入研究。建立具有中国自主知识产权并有较大国际公信力和影响力的幸福城市排行体系，是摆在中国相关机构和学者面前的重大课题。一方面，我们必须博采众长，在比较的基础上借鉴国际排行榜的优长；另一方面，我们必须充分考虑中国乃至全球城市在规划、建设、发展、管理等方面的前瞻性要求以及居民日益提高的生活品质需求。只有综合这两个方面，我们才有可能形成一套具有中国特色且适用于国际比较的最具幸福感城市评价体系。我们欣喜地看到，国内一些研究机构已经开始行动起来，进一步完善"中国最具幸福感城市"调查评价体系。

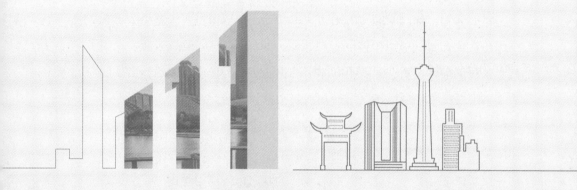

成

都

以"赢"商之名，构筑幸福之基；以幸福之实，赓续发展之路

---

## 幸福"赢"商——营商环境标杆城市的幸福探索

2023年夏天，第31届世界大学生夏季运动会在成都举行，来自170个国家和地区的1万多名运动员等感受到了"大运之城"的活力和影响力。

对投资者和企业来说，2023年的成都，同样展示了难以比拟的魅力和吸引力。

数据显示，截至2023年6月底，成都市场主体合计379.62万户，其中企业总量达155.23万户，远远超过2022年的规模（2022年成都市新登记市场主体57.94万户）；在企业上市方面，北森控股、乐创技术、百利天恒3家企业新挂牌上市，累计有上市公司143家，其中A股上市公司114家，进入过会、在审、上市辅导流程的重点拟上市企业达76家，全市A股上市公司有效专利达10731件，和2021年末相比，增长了3.67倍。

普华永道、德赛西威、正威集团、亿纬锂能、华润集团等一大批相关行业的领军企业陆续在成都"落子"或加码投资。仅2023年上半年，成都就引进了223个重大项目和高能级项目，总投资超过3561.15亿元。

营商环境建设已经成为城市高质量发展的重要内容。对于成都来说，加快打造经济高质量发展的一流营商环境，让企业、群众更有获得感，是目标，也是这座幸福之城的使命和责任。

当下的成都，正按照"建设稳定公平可及的营商环境标杆城市"要求，积极打造幸福城市高质量发展的重要增长极和新的动力源。

据《成都日报》2023 年 7 月 16 日援引成都市政务服务管理和网络理政办公室的消息，成都助力营商环境标杆城市建设，已获评"2022 中国最具投资吸引力城市"第一名，入选"2022 城市营商环境创新城市"。

2023 年 9 月 19 日，成都再次传来好消息：成都获评"2023 企业家幸福感最强市"，成都市温江区、成都市龙泉驿区获得"2023 企业家幸福感最强市（区）"。

据悉，在"2023 企业家幸福感最强市"的评选中，成都在"政策环境及公共服务能力"等指标上名列前茅。"2023 企业家幸福感最强市"的产生源于第三方专业机构制定的"企业家幸福感指数模型"，通过大数据采集和网络问卷等方式调查企业家对于城市的具体感受。该模型共有企业效率成本、金融及法律服务能力、人才及就业、政策环境及公共服务能力、企业安全感等五个一级指标和户籍政策关注度、人才政策关注度、互联网政务门户搜索指数、交通指数、医疗指数等 28 个二级指标。

打造国际一流营商环境，定位标杆城市的成都有哪些具体的创新和实践？简言之，成都如何幸福"赢"商？

## 打造"四位一体"服务体系

城市高质量发展，营商环境是关键，它很大程度上决定了一个城市的竞争力和吸引力。成都将这一城市发展的普遍共识进行提炼，在更高起点上优化市场化、法治化、国际化、便利化的营商环境。

关键路径是强化营商环境的服务力建设，打造"四位一体"的企业服务体系。

实际上，2023 年的序幕一拉开，成都就已积极行动起来，围绕高质量发展、高品质生活、高效能治理三个主题词，持续大力优化营商环境，一竿子插到底，将助企纾困、亲商助企走深走实。

2023 年 1 月 28 日，成都举办了"12345 亲清在线"启动暨优化营商环境座谈会，创新集成"12345 助企热线""蓉易办""蓉易享""蓉易见"四大服务企业平台。比如，哪些证照可以网上办、哪些优惠政策可以不申报就直接享受等问题，"12345 亲清在线"均可解答、解决。

具体来说，"12345 助企热线"是企业随时随地可拨打的服务热线，尽最大努力及时回应企业"急难愁盼"的问题，即便问题不能马上解决，该热线电话也会将其转至相关部门办理。

"蓉易办""蓉易享"是让企业少跑路的线上应用程序，但二者功能各异。"蓉易办"即"天府蓉易办"，可以提供企业开办、资质申请、工程审批、社保纳税、企业注销等企业全生命周期服务，实现"上一张网，办所有事，最多跑一次，一次能办成"的服务目标。

"蓉易享"即"政策蓉易享"，也就是让"政策主动找企业"，实现惠企政策一网查询、政策和企业精准匹配、政策信息主动推送、优惠政策一键申报，切实帮助企业知晓相关政策，享受有关的政策红利。截至 2023 年 1 月底，该平台已上线市区两级优惠政策 692 份，可申报优惠事项 375 条，4500 余家企业申报，享受惠企资金约 7 亿元。

"蓉易见"则是线下政府与企业面对面的交流会，即通过"政企咖啡时"、"政企早餐会"、政企座谈会等各种形式的政企交流会，为企业提供"一对一"的当面服务，帮助企业解决各种实际问题。

可以说，"12345 助企热线""蓉易办""蓉易享""蓉易见"四大平台的线上线下融合联动，给企业提供了无缝衔接的全周期服务，极大提升了政府的服务力。

成都为何选择"12345 亲清在线"作为 2023 年提升营商环境服务力的突

破口？据成都市委政研室有关人士介绍，打造"四位一体"的企业服务体系，在更高起点上优化市场化、法治化、国际化、便利化的营商环境，这个"破题点"是成都市委、市政府深思熟虑后的选择。

2022年，成都全市地区生产总值（GDP）首次突破2万亿元，成为继上海、北京、广州、深圳、重庆、苏州之后我国内地第七个GDP超过2万亿元的城市。对成都来说，迈过2万亿元大关，是成绩，是机遇，更是新起点，也迎来了新挑战。

成都意识到，聚焦高质量发展，营商环境特别是服务力至关重要。正如成都市委政研室有关人士所说，要坚定企业信心、激发市场活力，光喊话是不够的，更要直击痛处、挠到痒处，同时亲而有度、清而有为。

从可行性来说，打造"四位一体"的企业服务体系，成都已有扎实的基础。成都的"12345政务服务便民热线"早已是全国领先的政务服务品牌。在2021年全国政务热线服务质量评估等级排名中，成都的"12345政务服务便民热线"等级排名为A⁺，领跑副省级城市。当地记者在采访中发现，在这个超过2000平方米的热线接听中心，每天近200人在岗，7×24小时在线，日均2万余通电话接入，常年与2000多万市民"保持通话"。

从某种程度上说，"12345亲清在线"就是一个企业版的"12345政务服务便民热线"——企业有任何诉求都能打热线电话获得回复。只不过，"12345亲清在线"更聚焦，是一个针对市场主体的服务集成系统。

"失之毫厘，谬以千里"，企业填写各种登记表格的时候，尤需仔细谨慎，稍微有一点差错，可能就会造成不小的错误。

许女士显然对此有所了解。2023年7月底的一个上午，当她在成都市住房和城乡建设局信息化综合运用平台进行企业城乡登记时，发现网页上有一项"资质最高登记"，她顿时"卡壳"，不知该如何填写。她立马拨打"12345助证热线"进行咨询，很快便得到了回复："您的资质证书分别为二级资质证书、三级资质证书、劳务不分等级资质证书，最高等级为二级。"

像许女士这样的成都企业主，近来都体验了"政府管家"的专业服务。他们发现，诸如登记服务、政策查询甚至跑腿服务等都被成都"四位一体"的企业服务平台包揽过来。

据悉，自"12345亲清在线"启动以来，截至2023年7月15日，共收到5.7万件企业诉求事项，与2022年同期相比，增加了约8倍，且诉求事项解决率和满意率等均超过95%。相关统计显示，"蓉易办"平台结合"12345助企热线"收集到的问题，完成"智能客服"1万余条政策知识的知识库建设，实现企业智能搜索、连续追问、智能问答等功能；"蓉易享"平台现存有效政策文件678份，累计上线可申报事项730件，近1万家企业通过平台进行了申报；全市共组织6295家企业开展1168场"蓉易见"线下活动，收集问题或建议1200个，解决问题1105个。

成都仍在努力。用成都市委政研室有关人士的话说，成都目前最重视的问题，是如何确保"12345助企热线"像政务服务便民热线一样"必有回应"。比如，热线每天接了多少电话、反映了哪些问题、解决了多少、转办了多少，还有哪些问题暂时解决不了，相应原因是什么，等等，详细数据"每天都要上报"。

实际上，除了网络渠道外，成都还有一个落地系统，一个行之有效的"微网实格"社区治理体系。成都市通过优化现有网格设置与网格党组织体系，构建起"社区网格 — 一般网格 — 微网格"的精细化网格组织架构。截至2023年1月，成都市已因地制宜划分微网格12.3万余个，选配微网格员14.1万名，组建网格党支部（党总支）8161个、微网格党小组2.4万个，设立社区网格党建联席会议1752个，办结网格事项280万余件，服务独居老人、困境儿童、孕产妇、残疾人等特殊人群30.4万人次。

通过这些基层治理"毛细血管"，成都将服务精准投送到千家万户，为幸福成都织密网格基础。这个系统同样被成都用于打通政企之间的"最后一千米"。成都市委政研室有关人士说，打造"12345亲清在线"的目标，就是真正做到政府与企业之间"无事不扰、有求必应"。这"看似是从小处入手，但办好以后就是一件大事"。

## 升级营商环境政策体系

在营商环境建设实践中，成都意识到制度供给是核心竞争力之一。在营商环境政策体系的升级迭代方面，成都步履不停，积极为各类市场主体提供更加便捷、更加优质、更加高效、更加公平的服务。

2023年1月，《成都市持续优化提升营商环境十大举措》（以下简称《十大举措》）正式出台。

这是继"建体系夯基础"的1.0版（"1＋10"政策体系）、"学先进补短板"的2.0版（249项措施）、蹚深水求突破的"树标杆创品牌"3.0版（140项措施）、"集创新求突破"的4.0版（215项措施）等政策体系之后，成都推出的"以激发市场主体信心和活力为主线"的营商环境新版本，也被称为成都营商环境5.0版。

2019年是成都国际化营商环境建设年，成都推出了1.0版的"建体系夯基础"政策体系。这一年，成都因为持续优化的营商环境而闪闪发光，享誉无数，如"2019中国国际化营商环境建设标杆城市""2019中国招商引资最具国际竞争力城市""2019中国最具投资吸引力城市"等。

2020年，成都启动国际化营商环境2.0建设，推出249项改革举措和52个配套细则，最大限度减环节、减材料、减时间、减成本、减跑动。同时，成都"天府蓉易办"正式上线，旨在实现"上一张网，办所有事；最多跑一次，一次能办成"，让企业和群众"办事不求人，办成事不找人"。

也是在这一年，成都推出国际化营商环境 3.0 版，出台《成都市全面深化国际化营商环境建设实施方案》，制定了 24 个方面共计 140 余项措施。该方案明确提出以市场主体获得感为基本标尺，重点围绕优化提升投资贸易、获得许可、要素匹配、政策支持、司法保护等五个便利度和营造公平竞争的市场环境，把成都打造为利企便民新高地。

2021 年 12 月，成都启动国际化营商环境 4.0 版，再次展示成都聚焦市场化创新突破的决心，发布《成都市强化创新突破建设稳定公平可及营商环境标杆城市实施方案》。该方案从市场开放、办事体验、项目建设、监管效能、法治保障等五个维度，制定了 23 个方面 215 项措施。

从 2019 年到 2023 年，成都营商环境政策体系建设已从 1.0 版升级到 5.0 版，共计出台了 600 多项营商环境的改革措施，在服务水平、市场发展、监管机制、法治建设等方面不断突破，逐步迈向营商环境市场化、法治化、国际化、便利化。

2023 年 1 月 30 日，《十大举措》正式实施，标志着成都营商环境 5.0 版正式开启。

和前几版相比，5.0 版推出了更多激发市场主体信心和活力的"干货"，将"企业跑"转变为"政府干"，将"企业找政策"转变为"政策找企业"；推进"互联网＋"监管执法，避免对市场主体正常生产经营活动的干扰。

据成都市网络理政办营商环境建设处有关负责人介绍，2023 年启动的《十大举措》结合成渝地区双城经济圈、公园城市示范区、成都都市圈及智慧蓉城建设等工作部署，以"激发市场主体信心和活力"为主线，具体分为 39 项改革举措，涉及 95 个具体改革点位。

成都营商环境 5.0 版立足企业获得感，推进全链条优化审批、全过程公正监管、全周期提升服务。

第一，在全链条优化审批方面，突出便民利企。

比如，为方便企业开办，成都推行"标准化地址＋申报承诺制"登记模式，常态化运行成（都）德（阳）眉（山）资（阳）一体化企业登记绿色通道，除了当地城市因管理需要对具体登记事项作出特别规定的情况，实现所有法定登记事项在四市（成都、德阳、眉山、资阳）无差别受理、同标准办理。

成都深化"一照多址""一证多址"改革，优化市场主体准入退出机制。同时，将企业分支机构、连锁门店信息变更纳入同城通办。在简化市场主体注销流程方面实施歇业制度，已办理歇业备案的市场主体，不纳入长期停业未经营清理吊销范围。

为提升工程审批服务质效，成都完善工程建设项目审批"全程网办"，推进工程建设项目审批材料、审批结果全程电子化，电子证照"一次生成、统一流转、互认共用"，最大限度减少企业报建流程。

与此同时，开展面向企业和群众的水电气等一站式联办服务；在自贸试验区、产业园区等功能区推行社会投资项目"用地清单制"改革；将工程设计方案审查纳入"时限管理"，通过优化审批部门内部审批流程，强化审批过程督查和通报机制，切实缩减审批时间，压减企业等待时间和办事成本。

第二，实行全过程公正监管，破除市场壁垒。

比如，《十大举措》着力清理取消企业在资质资格获取、招投标、政府采购、权益保护等方面存在的差别化待遇，清理通过划分企业等级、增设证明事项、设立项目库、注册、认证、认定等非必要条件排除和限制竞争的行为，并建立长效排查机制，坚决破除各种隐性壁垒和不合理门槛。

而且，成都以信用风险为导向优化配置监管资源，在食品、工程建设、招投标、安全生产、消防安全、医疗卫生、生态环保等重点领域推进信用分级分类监管，并依据风险高低实施差异化监管，实现对违法失信者"无处不在",对诚信守法者"无事不扰"。

值得一提的突破是,《十大举措》在市场监管领域探索推行首违不罚事项清单和不予行政强制措施事项清单,最大限度减少对市场主体正常生产经营活动的干扰。不涉及人身、财产、公共领域安全,对社会危害不大的,优先运用行政辅导、行政建议、行政提示、行政约谈等柔性执法方式,慎用查封、扣押等措施,使企业不因"小错"影响生存和发展。

第三,推进全周期提升服务,强化数据赋能。

《十大举措》以"数字政府""智慧蓉城"建设为统揽,通过深化政务数据、电子证照、电子印章、电子档案应用,积极创新应用场景,升级打造"蓉易办""蓉易享""蓉易诉""蓉易登"等"蓉易"系列城市营商品牌,使数据赋能营商环境建设,多方位惠及更多企业。

不仅如此,成都还推动各级政务服务平台系统联通和数据共享,推动跨部门、跨领域、跨层级的互通、互认、互用,最大限度发挥数据共享效应。将服务场景从办理企业注册、变更等依申请政务服务事项向融资贷款、社保用工、惠企政策推送等公共服务事项延伸,提高办事便利度和审批效率,逐步提升涉企全生命周期服务能力,真正让数据多跑路、群众少跑腿。

围绕准入、准营、运营、退出等企业发展"全生命周期",成都全面提升服务质量和效率,持续优化政策供给,进行了不少创新和突破。

以"便捷企业准入退出"为例,成都市市场监管局不仅让企业选择经营地点变得更加科学,也让企业搬迁有了新办法。成都市市场监管局从2023年7月1日开始在全市推广"企业迁移一次办"服务新模式,实现市域内迁移"跑一次路,进一次门,交一套材料",给企业扩大经营提供了极大便利。

从武侯区迁移到青羊区的冠德堂生物技术(成都)有限公司(以下简称冠德堂生物)就享受了成都这项最新的服务。该公司工作人员接受媒体采访时对街道办的效率赞不绝口:"原先企业迁出的话,非常麻烦,要跑几个地方……

现在通过街道办，3天就办好，准备的材料也大幅减少。整个过程非常顺利，街道办的效率非常高，为他们点赞。"

在成都，像冠德堂生物这样因为地点变更而产生迁移需求的企业有不少，这些企业如今办理迁移手续，只需要在迁入地提交一次材料，不用"两地跑"，更不用面临迁出地的"规劝"，一周即可完全实现"迁移自由"。

为了方便企业开办，创造一个更加宽松、便捷、规范、有序的市场准入环境，成都还创新了企业住所（经营场所）"标准化地址＋申报承诺制"登记模式。一方面，形成电子化数据库，让不同行业、领域的创业者明白哪些地方不能用作经营，既为申请人规避了经营风险，又兼顾城市居民宜居生活。另一方面，对使用已纳入地址库的标准化地址办理住所登记或经营场所备案的企业，只要不属于负面清单列示的行业，申请人作出承诺后，免于提交住所证明材料，从而大幅提高了登记效率。

省去提交材料，提升了办理效率，但如何规避安全风险呢？成都为此搭建了住址类负面清单、行业类负面清单、主体类负面清单三大负面清单，对申请人的经营场所进行标准地址库智能校验，排除"错误选项"后再由申请人主动做出书面承诺，后期由市场监管部门加强监测，动态管理。

成都市市场监管局会根据标准化地址库的建设进度和功能实现情况，成熟一批，推行一批，不断突出难点、总结经验，形成规范化制度并力争在全省复制推广。

在优化营商法治环境方面，成都的做法层出不穷。

比如，印发《成都市优化营商环境条例》，以地方性法规的形式将近年来的改革措施和创新做法固定下来，切实降低企业制度性交易成本；陆续出台100余个水电气获得、法治保障等重点营商环境配套文件；加速建设天府中央法务区，高质量打造中西部地区首个国际商事法庭，设立了"一带一路"国际商事互联网仲裁院、成都破产法庭和中国（成都）知识产权保护中心，等等。

这些做法和创新，不仅逐步完善了涉企政策法规体系，还稳定了市场主体的政策预期，有效推进了成都幸福营商环境建设。

## 赋能创新有活力的营商环境

2023 年 7 月 3 日，中国共产党成都市第十四届委员会第三次全体会议召开。会议审议通过了《中共成都市委关于坚持科技创新引领加快建设现代化产业体系的决定》，要求用好政府"有形之手"优化营商环境、完善产业生态，形成推动产业高质量发展的强大合力。

近年来，成都努力用好"有形之手"，聚焦激发活力，创新优化市场化营商环境。

中小微企业融资难、融资贵一直是"获得信贷"领域难点问题。成都的解决思路是：打造政策性信贷产品标杆 ——"蓉易贷"普惠金融工程，全面提升中小微企业融资的便利性、可得性、普惠性，并出台《关于推行"蓉易贷"进一步完善成都市普惠金融服务体系的实施意见》。

"蓉易贷"的主要创新点不少。比如，建立市级部门联席会议制度，10 余个产业部门建立行业白名单筛选标准，各区（市）县推荐入库白名单，并实时优化更新；全面纳入合作机构，引导融资市场降费让利；实现线上线下全面覆盖，线上为"蓉易贷"综合管理平台，线下为"蓉易贷"融资服务中心，共同为全市中小微企业精准提供全流程融资服务。

截至 2023 年 3 月底，"蓉易贷"普惠信贷规模达到 756.7 亿元，累计支持 4.33 万户中小微企业获得无抵押贷款近 12 万笔，为 2023 年第一季度全市经济"开门红"提供了有力的金融支持。

有关材料显示，2023 年，从重点行业投放情况来看，"蓉易贷"投向批发业和零售业的企业总数达到 19285 户，投向制造业的企业总数达到 4954 户，投向信息传输和软件行业的企业总数达到 4013 户。不仅如此，从贷款成本来看，企业平均获贷利率 4.06%，低于成都市企业贷款加权平均利率约 40 个基点（BP），融资利率进一步降低，有效缓解了中小微企业融资压力，降低了中小微企业融资成本。

实施"蓉易贷"普惠信贷工程，是成都在助企纾困方面强化政策赋能的举措之一。营造一流营商环境，全力稳定市场主体，成都还有更多探索和实践。

四川天盛达建设工程有限公司的财务负责人徐女士接受媒体采访时说出了小型微利企业、个体工商户的"心声"：小型微利企业"体量小，受疫情影响较大，这项减免政策对我们来说无疑是雪中送炭，在电子税务局自行申报，手指动一动就可以享受，操作方便，不需额外提交资料"。

是什么令徐女士感动？原来，她接到国家税务总局成都市温江区税务局的通知，根据新的判断标准，她所在的公司属于此次扩大主体范围的小型微利企业，可享受此项优惠。更让她欣喜的是，申报极其便捷，"试着申报了一下，发现无须自己选择，系统已经实现自动判断我们属于小型微利企业，直接就可以享受'六税两费'减半优惠，真的太方便了！"

徐女士所属公司享受的便捷服务源于成都的一项新规定，即切实让税惠利企的好政策直达市场主体。换句话说，成都税务部门利用大数据主动筛选出此次扩大范围后符合规定的企业，梳理摸排出一般纳税人中的小型微利企业和个体工商户，并根据应享受优惠名单及时通知纳税人申报，开辟电话咨询"绿色通道"，做好政策辅导工作，精准落实减免政策。

在减轻企业负担方面，成都有不少值得推广的举措：聚焦降低制度性交易成本，市场主体"零成本、零跑腿"参与政府采购项目交易，开标时限压一半以上；降低企业外贸成本，实现国际班列境内段运费不计入完税价格；出台企业应享尽享的减税降费政策，以 2022 年为例，成都全年的减税降费及退税缓税缓费金额超过 800 亿元，惠及市场主体达到 338 万户。

成都聚焦激发活力，为企业创造发展机遇，亲商助企走深向实。比如，深入推进"三个做优做强"、产业建圈强链、"四大结构"优化调整等重大举措，持续向企业释放发展机遇，在全国首发"城市机会清单"，并以"幸福美好生活十大工程"为牵引，发布九大领域民生项目机会清单。

与此同时，成都搭建创新平台，助力企业创新发展。西部（成都）科学城等一大批国家级平台、科创中心的创建，为广大中小企业发展壮大提供了全产业链生态环境。成都还实施人才强市战略，构建"3＋3＋N"人才发展雁阵……

在此过程中，成都的创新有目共睹。例如，成都聚焦产业建圈强链，构建"链主企业＋公共平台＋产业基金＋领军人才＋中介机构"产业生态体系，大力培育"上规、上榜、上云、上市"创新型企业集群。

2023年4月，成都正式印发《成都市产业建圈强链优化调整方案》，宣布聚焦8个产业生态圈、28条重点产业链，深入实施产业建圈强链行动。

6月，2023年度"成都市产业建圈强链人才计划"申报工作正式启动，面向成都28个重点产业链评选产业领军人才，并引导优质项目、人才资源、创新要素向重点产业链加速汇聚，推动创新链、产业链、资金链、人才链深度融合。

截至2023年7月，成都28条重点产业链中，已有10条产业链46家链主企业亮相，涉及集成电路、智能终端、工业互联网、轨道交通、新型显示、汽车（新能源汽车）、大飞机制造与服务、航空发动机、工业无人机、食品等产业。

链主，即在产业链中居于核心或主导地位的企业，具有不可替代性，且在整个产业链中具备资源整合和协调供应的能力。记者发现，工业互联网和智能终端产业链均为首次亮相的链主企业，而且已公布的46家链主企业均是各行各业的翘楚。

以成都的优势产业航天航空产业为例，在大飞机制造与服务产业链，航空工业成都飞机工业（集团）有限责任公司、中国航空工业集团公司成都飞机设计研究所、成都国营锦江机器厂入围；在航空发动机产业链，中国航发成都发动机有限公司、中国航发四川燃气涡轮研究院、国营川西机器厂入围。

在工业无人机产业链，中航（成都）无人机系统股份有限公司、成都纵横自动化技术股份有限公司、四川腾盾科技有限公司、四川傲势科技有限公司入围。

成都纵横自动化技术股份有限公司（以下简称纵横股份）工作人员接受媒体采访时表示，通过头部企业的"牵引力量"，聚集产业上下游的配套合作伙伴逐渐在成都落地，这样能够减少供应链环节的物流成本和沟通成本，降低企业间的整体交易成本。

作为国内工业无人机的产业中心之一，目前成都的无人机上下游企业超过100家，在复合材料、零部件加工、传感器、应用软件等方面可实现快速对接。纵横股份工作人员透露，该公司无人链的30%～40%在成都本地配套，其他环节产品在国内各地配套生产，"升级产业服务，我们可能会享受到供应链甚至人才吸引方面的好处"。

随着《关于聚焦产业建圈强链支持实体经济高质量发展的十条政策措施》《成都市支持制造业高质量发展若干政策措施》《成都市进一步有力有效推动科技成果转化的若干政策措施》等一系列政策的相继出台，成都逐渐成为市场主体的发展高地、创业福地、兴业宝地。

然而，正如成都市网络理政办人员所说，营商环境好不好，企业群众最有发言权，"我们制定系列营商环境政策说到底是为各类经营主体提供更加便捷、更加优质、更加高效、更加公平的服务"。

该工作人员向媒体透露，成都营商环境6.0版政策已在加快制定中，"一方面，会坚持对标先进，围绕世界银行B-READY、国家发展改革委、四川省发展改革委营商环境评价指标体系及中央、省、市最新决策部署，强化先进改革经验的跟踪监测、分析研究和学习借鉴；另一方面，坚持问需问计于企，提高企业群众对营商环境政策制定的参与度，政策表达方式更通俗易懂，提升政策制定的精准性和易享性。同时，我们会持续总结提炼成都营商环境的经验做法，及时论证总结、推广区（市）县营商环境原创性实践经验，从更多维度、更深层次、更立体化的角度塑造成都营商环境综合优势和特色亮点"。

## 探索"空气型"服务新路径

自建设稳定公平可及的营商环境标杆城市以来，成都市各级政府部门纷纷创新服务机制和帮扶方式，把企业发展中的痛点、堵点和难点作为助企纾困的着力点。"幸福'赢'商"成为全市上下的共识，各区（市）县以你追我赶的实际行动，在营商环境优化上苦练"绣花功夫"，涌现了一些可推广、可复制的创新实践。

成都市龙泉驿区位于成都东部，是国家级经济技术开发区所在地，辖区面积557平方千米，常住人口134.6万人，2022年实现地区生产总值（GDP）1545亿元，经济总量连续10年居四川省县级行政区首位，连续多年上榜全国综合实力百强区、全国投资潜力百强区。

近年来，龙泉驿区打造了"驿站办"的特色营商环境品牌，设置靠亲引商、以产聚商、提速安商、有为亲商业四大驿站，为企业提供全生命周期的精准服务。

值得一提的是，龙泉驿区探索出一条党建引领"空气型"政务服务新路径，首创"空气式服务"——看不见但感受得到，随叫随到，不叫不到，说到做到，服务周到。

具体而言，龙泉驿区打造"至简审批"和"空气型"政务服务，实现

1266 个政务服务事项"一网通办",积极推行信用承诺制、"证照分离"改革,大力推行跨域办,加快推进政务服务的规范化、便利化、智能化建设。截至 2023 年 9 月,龙泉驿区实现容缺后补 160 项,"证照分离"改革事项 78 项,政务服务无差别受理事项 453 项,省内通办、川渝通办事项 540 项。

同时,龙泉驿区建立健全"1345 助企纾困稳增长工作体系",实施区领导分片包干联系、行业主管部门点对点服务、街镇协同发力的网格化全方位政企交流机制。该区还依托成都"12345 亲清在线"平台,建立专班、专员、专席、专报、专网"五专"企业诉求办理机制。截至 2023 年 9 月,已受理企业诉求事项 596 件,按期办结率 100%。

"不到一个小时就办好了,效率真的太高了。"中铁四局集团物资工贸有限公司成都分公司负责人感受到了企业开办的"龙泉驿速度"。在其开办企业的过程中,龙泉驿区行政审批局提供一对一全程帮办服务,"一件事一次办",从受理、审核、制证到税务登记、社保登记、印章刻制等,企业开办全流程在 1 小时内完成。

企业惊叹的"龙泉驿速度"在该区并不少见。龙泉驿区引进的中创新航储能与动力电池生产线项目,从签约到落地仅用 29 天,从开工到一期一阶段封顶仅用 6 个月,仅用 11 个月就开始进行设备搬入、试生产。据悉,该项目全面建成后,预计年产值 400 亿元,将填补成都新能源汽车动力电池高端制造业空白,加快推动成都建设世界级锂电产业集群。项目负责人向媒体介绍,中创新航已在国内多个城市设立产业基地,从洽谈时间来看,成都项目晚于另一城市的同等项目,但成都项目却先开工。

这些只是龙泉驿区优化营商环境的一个缩影。近年来龙泉驿区做大市场主体,不断压缩企业的登记时间,设置了企业开办专区,鼓励减材料、减流程,企业开办最快 1 小时,并且量身定制"专精特新贷"等金融产品与服务,进一步鼓励企业降低融资成本。2023 年上半年的数据显示,全区新增市场主体

13118 户，较上年同比增长 35%。

以汽车产业为例，作为中国第六大汽车产业基地，龙泉驿区是四川省和成都市汽车产业的主要承载地，也是全国区（县）级行政区域中汽车产业最为集中的区域，聚集了一汽大众、一汽丰田、神龙汽车等 10 家整车企业，300 余家关键零部件企业和 90 余家研发创新企业，全年整车产量超过 100 万辆，行业产值超过 1500 亿元。

龙泉驿区还创新推出"共享员工"工作模式，着力解决企业用工难、用工荒等问题；开发促进供需对接的云数字园区，吸引 400 余家规上企业入驻；为企业量身定制"专精特新贷""股改贷""驿享贷"等金融产品与服务，2023 年已帮助企业融资 50 亿元以上；拓宽政企、校企、企企交流渠道，举办"亲清茶室"系列活动，常态化开展稳岗拓岗座谈会；精准推送各级人才政策，积极组织各类人才项目推荐和申报，协调解决企业高管人才购房、子女入学等问题。这一系列举措，切实为企业解决了难题，也带来了看得见摸得着的收获。

以满足企业和市民需求为导向，龙泉驿区行政审批局针对企业、市民、政府部门编制了 3 张清单，其中涉企事项 386 项，民生清单 48 张，明确了提醒事项、方式、渠道以及责任部门等。例如，提醒事项包括证照临期、风险预警、节点服务、协同管理等 4 类，提醒方式包括短信告知、电话通知、上门提醒等 5 种。

在探索党建引领"空气型"政务服务新路径的过程中，龙泉驿区创新以"不见面"远程视频踏勘为代表的审批方式，让更多企业享受到改革发展成果。龙泉驿区把为企业做好服务、办好实事作为头等大事，夯实政策支撑，推出助企纾困解难"12 条"、科创"10 条"等区级政策，同时加强对政策的解读，提供申报指导，精准推送，确保政策使用对象知晓率达 100%。数据显示，2022 年龙泉驿区共支持各类市场主体争取国家省市退减免还奖补资金 67 亿元，惠及 11 万户市场主体；开展 64 次政企交流活动，协调解决企业的实际问题达到 370 多个。

## 全国首创"3456 提醒服务"

成都市温江区,地处天府之国的腹心,以岷江雪水至此始温而得名,是国际花园城市和中国最具投资价值城区,荣获联合国生态环境保护杰出成就奖,也是第 31 届世界大学生夏季运动会赛区之一和 FISU 世界学术大会主承办地。

温江区以营商环境之"变"谋高质量发展之"快",近年来围绕建设"幸福温江·美好之城"总体目标,聚焦企业群众服务需求和部门管理协同需要,转变服务理念、再造服务流程,在全国首创"3456 提醒服务",以机制创新助推政务服务质效提升,着力打造"企业办事不求人、办成事不找人"的政务服务环境。

"3456 提醒服务"具体做法主要有四个方面。

"3",即围绕全流程服务,编制提醒服务三张清单。一是编制涉企事项清单。从市场需求侧和政府供给侧双向出发,围绕企业开办、经营、融资、成长、上市、退出等全生命周期的不同环节,梳理金融、财务、商贸、人才、用工等需求事项,编制企业全生命周期提醒服务事项清单,破解企业、市场和政府间的信息不对称难题。二是编制民生事项清单。从便利群众生活与工作的角度出发,围绕教育、就业、医疗、养老等不同需求,梳理群众全生命周期提醒服务事项清单,为群众提供全方位、全链条、全门类的基本公共服务。三是编制内部协同事项清单。围绕部门间工作协同过程中存在的检查不集中、信息不同源、工作不同步等问题,梳理政府全职能协同提醒服务事项编制清单,提升部门间的工作联动性。

"4",即坚持乙方思维,梳理提醒服务四类事项。一是梳理证照临期类提醒事项。归集营业执照、食品经营许可、机动车驾驶证、普通护照换发等 102

项临期类事项开展逾期提醒，有效解决企业和群众因遗忘导致补办补救的麻烦，避免逾期产生的隐忧和损失。二是梳理风险预警类提醒事项。归集违反大气污染防治管理、危化品规范使用、特种作业等98项涉及安全隐患、疫情风险的事项开展提醒和柔性执法，抓早抓小，防患未然，有效降低违法违规风险，避免企业产生重大损失。三是梳理节点服务类提醒事项。归集适龄少年儿童入学（园）、疫苗接种、退休人员待遇资格认证、城乡居民社保费申报等418项高频热点事项，开展节点提醒，有效解决群众"多头跑、来回跑"的麻烦。四是梳理协同管理类提醒事项。归集执法检查、施工图审查、管网电路铺设、测绘测量等111项涉及跨部门协同管理提醒类事项，通过一体化协同办公平台和工作群开展工作提醒和信息共享，切实减少干扰企业频次，为企业减负。

"5"，即聚焦准确及时，创新五种提醒方式。一是自动提醒。将机动车年检、营业执照延续等具有有效期的证照批准时间、到期时间，录入温江区智慧提醒服务平台，在期满30日前自动发送提醒信息。二是定向提醒。针对继续教育培训、对企政策奖励、竣工验收备案等事项，利用行业主管部门所掌握的本地区服务对象资源数据，通过微信群、QQ群等向特定群体发布提醒信息。三是媒体提醒。将政府采购意向、城市基础设施配套费减免等政府最新政策和行业市场需求等公共信息，通过各类新闻媒体向公众发布。四是电话提醒。针对中标供应商待办事项、环保主体责任等情形较为复杂和需进行个案分析研判的事项，利用"超级信使"、电话等方式进行提醒。五是上门提醒。针对养老待遇年审、残疾人申请基本型辅助器具、医保社保政策变更等特殊群体涉及的事项，开展上门提醒。

"6"，即立足高效便捷，提供六种办成渠道。依托"智慧蓉城"运行管理平台打造跨部门、跨领域的温江区智慧提醒服务平台，做到提醒服务事项办理、流转、结果的跟踪闭环。针对不同办理事项、服务对象、服务需求，强化主动服务、简化服务、增值服务，为企业、群众提供远程委托代办、邮寄快递办理、主动上门服务、现场帮办代办、全程网办和自助办理等 6 种办理渠道，进一步便利企业和群众办事。

为此，温江区在工作机制上进行创新突破，组建协同推进专班。具体做法是，印发《成都市温江区持续优化提升营商环境十大举措》和"提醒服务"工作方案，成立"提醒服务"改革工作领导小组，建立联席会议制度和工作专班，健全部门协同提醒服务、重大产业化项目联审联批等七个工作机制，明确工作力量、细化任务分工和事项办理协作流程，推动区级相关单位积极作为、主动创变。

不仅如此，温江区还动态更新服务事项。比如，不断完善企业、群众和政府部门三张"提醒服务"清单，服务事项由 2022 年的 641 项更新至目前的729 项，将涉及企业和群众的 236 个事项，梳理生成办事指南二维码，以"线上＋线下"相结合方式开展提醒服务。

同时，温江区构建了智慧服务模式。具体而言，结合智慧蓉城（温江）建设，建成"提醒服务"平台，横向打通相关部门业务系统，实现"系统互联、数据共享"，构建"产业大脑"，开展"招商引智—项目促建—企业服务"全生命周期服务可视化、精准化调度，不断提高"提醒服务"工作智慧化水平。

此外，温江区持续强化对外宣传。比如，依托政务服务大厅、镇（街道）便民服务中心、微信公众号等方式，对"三张清单"和办事指南二维码开展全方位宣传推广，确保企业和群众办事"扫得上、打得开，码上知晓"，提升提醒服务工作知晓度和传播力。

温江区的这一独特的机制创新，极大提升了政务办事体验。换言之，温江区的"提醒服务"改革是一次以"小切口"带动"大服务"的有益探索和成功实践，实现了从"流程再造、环节减少"到"政府职能转变、功能服务升级"的跃升，多家权威媒体从不同视角对温江区的提醒服务改革经验进行了介绍。

重要的是,企业对温江区的认可度不断提升。温江区围绕企业需求,打造天府商务服务区,拓展提醒服务的应用范围,如在企业人才招工、融资贷款、市场拓展等,为企业提供全生命周期的一站式、全链条服务,做到惠企政策应享尽享、免申即享,政企沟通高效便捷,市场环境明显改善。2022 年以来,温江智慧企业服务平台挂网申报政策项目 300 余个,兑现扶持资金 3.34 亿元,惠及企业 1400 余户。

温江人说,在温江温度正好,因为这里总有一种至诚服务让你心安。温江区践行"三个都可以",即"只要是先行地区行之有效的政策措施都可以参照,只要是国家法律法规没有明令禁止的都可以放行,只要是不触碰红线底线的都给予容错空间",这为企业发展壮大创造公平公正、包容宽松的市场环境。

温江区通过"三个要效率"——向互联网要效率、向流程再造要效率、向简政放权要效率,推动内部流程和外部流程的再造,让政务服务始终保持更优速度。不仅如此,在市场监管领域,温江区探索推行首违不罚事项清单、不予行政强制措施事项清单,最大限度减少对企业正常生产经营活动的影响,做到无事不扰。

温江区坚持"三个问企业",即"问需于企、问计于企、问效于企",掌握企业最真实、最迫切、最强烈的诉求和意见,让助企惠企力度更优。比如,定期开展"企业点题、领导主导、部门答题、服务高效"的"亲清会客"活动,做到有求必应、有诉必解。

温江区如今正创新帮办代办同步联办机制,深化实施联审联批和联合验收,把服务触角延伸到企业厂门口、家门口,努力以政府权力的"减法",换取企业便利的"加法"和市场活力的"乘法"。

# 城市幸福力"加码"营商软实力

成都连续多年获评中国最具幸福感城市，"幸福城市"已经成为成都营商环境软实力中最具吸引力和竞争力的核心部分。

其中代表性的例子莫过于成都对高学历人才的吸引力越来越强。有媒体用了"超强吸引力"来评价幸福成都的魅力。成都近年来一直位居中国城市人才吸引力排行榜前十，甚至 2021 年成都应届生人才流入占比为 4.7%，位列全国第二，仅次于北京，超过了上海、广州和深圳。截至 2023 年 8 月，成都人才总量达 622.32 万人，居全国第四位。

幸福成都吸引力之一，是这个城市的包容和宽容。除了自身基因之外，成都的包容在于城市管理者从机制上鼓励创新创业。近年来，成都全力争创吸引和集聚人才平台，加快建设全国创新人才高地，尤其是在完善人才政策体系方面，陆续出台人才新政不同版本，推动从"拼政策给优惠""搭平台给机会"向"优平台营生态"迭代升级。

2023 年 9 月初，《成都市人才分类目录》（以下简称《目录》）正式发布，明确 6 类 224 项人才支持类型，释放城市礼遇，广聚天下英才。

据悉，此次出台的《目录》支持范围由《成都市急需紧缺人才和高端人才目录》（《成都市人才安居人才类别认定依据及分工》）的 4 类 49 项人才类型扩展到 6 类 224 项人才类型，共增加了 175 项，有不少亮点和创新。

亮点一：探索实施精准差异分类评价方式，首次纳入"成都工匠"等人才。

《目录》针对不同类别人才，探索实施精准差异的分类评价方式，创新提出"以薪定才""以岗定才""以绩定才""以赛定才""以投定才"等，建立科学化、社会化、市场化的人才评价制度，充分激发各类人才创新创造活力。比如，《目录》将国家级科技创新平台负责人纳入科技创新类；将总部在成都的世界 500 强企业和中国 500 强企业的主要负责人、营业收入达到一定标准企业的主要负责人（须同时满足年收入达到一定标准）、在成都的固定投资达到一定额度企业的主要负责人等纳入重点产业类；将在专业性大赛中获奖、取得各类创新成果的人才纳入相关类别。

围绕以科技创新引领现代化产业体系建设，《目录》首次纳入"国家工程师奖"获得者、中华技能大奖获得者、国家博士后创新人才支持计划入选者、"成都工匠"、技术经纪（经理）人等人才；围绕持续放大成都大运会综合效应，首次纳入奥运会、亚运会、全运会、大运会等体育赛事奖牌获得者及其教练员等人才；围绕丰富青年友好型城市内涵，纳入博士研究生、硕士研究生和本科大学生。

亮点二：给予用人主体一定名额自主认定人才，打造"用人的评人、评人的用人"评价模式。

为充分发挥用人主体在人才培养、引进、使用中的积极作用，强化企业创新主体地位，《目录》给予高能级创新平台、链主企业等用人主体一定名额用于自主认定人才，并纳入相应类别，实现"用人的评人、评人的用人"。

比如，《目录》赋予在成都的国家级科技创新平台、"四链"融合型高能级链主企业、国家级专精特新"小巨人"企业、上一年度纳税 100 强企业自主认定权，每年可自主认定 2 名 D 类人才，享受相应政策支持。

而对于《目录》之外的优秀人才，成都也着力招揽。比如，鉴于《目录》列举的各行各业人才类型未能穷尽，设"相当于上述层次的人才"类别，符合条件的人才可按流程进行认定申请。同时，《目录》末尾专门说明，"上述六个类别之外，对成都经济社会发展作出突出贡献、具有较大社会影响力的人才"，也就是常说的"非共识性人才"，甚至"偏才怪才"，由市区两级有关部门按程序认定。值得注意的是，该《目录》并非一锤定音，后续将视实际情况不定期地进行修订、完善。

该《目录》明确了成都人才政策支持导向，彰显了成都尊才、爱才、敬才的鲜明态度。成都市委人才办相关负责人介绍，成都市会陆续出台与《目录》配套衔接的系列政策，为人才精准匹配落户安居、生活补贴、贡献激励等政策支持，让各类人才在成都发展更有获得感、归属感和幸福感。

以人民为中心，是幸福成都的城市治理核心，也是幸福成都的坚持和坚守。成都提出，以优美的环境、更高效的服务、更文明的城市作为增强人民幸福感的着力点，继续延展幸福成都的广度和深度。而以共享发展增强市民可感可及的幸福体验，是成都幸福"赢"商获得可持续发展的基本逻辑。

2022年发布的《成都市"十四五"公共服务规划》提出，到2025年成都要全面建成均衡、普惠、公平、便捷的公共服务体系，并围绕破解超大城市治理难题和应对人口总量结构挑战，把提升民众幸福感的领域纳入其中，以城市功能布局和人口分布为导向，让公共服务跟着人口流动进行布局。

近年来，成都财政民生支出占比稳定在65%以上，成都加快构建"15分钟公共服务圈"，建成中小学及幼儿园4060所，医疗卫生机构超1.25万个、三级甲等医疗机构55家。日益健全的社会养老、保险、救助、住房保障等体系，让孩子茁壮成长、老人乐享晚年、青年安心奋斗。

为了让市民的幸福感触手可及，成都龙泉驿区打造21个"龙泉人家"社区综合体，完善"15分钟公共服务圈"，加快推进智慧城市和"微网实格"建设，大力实施教育增量提质、医疗提档升级行动。一系列举措，让老百姓对美好生活的新期待不断变成现实。

温江区作为全国四大花木基地之一，是2024年成都世界园艺博览会分会场之一。温江区以优质服务创造安逸生活，高品质建设"15分钟公共服务圈"，打造家门口的"留灯"书屋以及共享运动场，获评全国首批全民运动健身模范区。此外，温江区拥有三所全国百强中学，八家三级医疗机构。五大保险公司高端康养项目齐聚温江，国际顶尖的篮球赛事场馆和西部最大的赛马场坐落于此。在温江区，优质的教育、品质医疗、高端养老触手可及，现代消费、多彩文化、休闲场景一应俱全。

在城市发展道路上，成都以建设践行新发展理念的公园城市示范区为统领，深入实施幸福美好生活十大工程。

媒体评论认为，在成都，有一种幸福叫"公园里的城市"。成都近年来始终把绿色作为城市高质量发展的底色，全面打响大气、水、土壤污染防治"三大战役"，持续推进建设大熊猫国家公园"生态绿肺"、龙泉山城市森林公园"城市绿心"、天府绿道"活力绿脉"、环城生态公园"超级绿环"，以及锦江公园"精品绿轴"的"五绿润城"示范工程，以青山为底、绿道为轴、江河为脉，促进生态空间与城市空间相融共生、和谐统一。

登龙泉山看日出、望雪山、住民宿，到青龙湖公园露营，在东安湖公园运动，来驿马河公园散步，去天府绿道骑行……公园城市的多元场景、丰富体验，浸润着龙泉驿市民的日常生活。

近年来，龙泉驿区依托全球最大的龙泉山城市森林公园，打造沿山休闲产业带，统筹推进东安湖、青龙湖、驿马河等城市公园串珠成链，有机植入功能设施、多元业态、特色场景、文化元素，让"一半山水一半城"的优美城市形态全面呈现，空气质量优良率常年达到国家一级标准。以成都大运会为契机，龙泉驿区建成了世界大运公园、东安湖公园、锦绣天府等重大项目，以及图书馆、大剧院、文化艺术中心等城市美学空间。到东安湖体育公园看演唱会，在蔚然花海参与仙人掌音乐节，去梵木创艺区邂逅每年多达200场的各类艺术展演，已成为成都最时尚、最潮流的生活方式。

温江区深入推进"智慧蓉城"温江建设，加速构建幸福城市的治理体系，打造可感可及的"此心安处是吾乡"的"温情"。温江区以人文关怀传递城市温度，在传承中发展，赓续了鱼凫文庙、陈家桅杆等历史遗珍，涵养了知恩图报、守望相助的人文基因。在温江区，感恩温江时代人物评选，让普通人的善举得以薪火相传；企业发展大会则以城市之名，致敬优秀企业及企业家。

成都的幸福"赢"商，是目标，更是动态的发展过程。成都在营商环境标杆城市的幸福探索中，努力打造儿童友好、青年向往、老年关爱的幸福城市，实现学有优教、病有良医、老有颐养、住有宜居的成都式幸福生活。

## 成都企业
## 有话说 ▶

### 极米科技政府事务和公共关系副总裁：
### 在幸福城市，创一份幸福业

我的分享主题是"在幸福的城市创一份幸福业"。为什么有这样一个主题？它的灵感来源于我们的用户。我每天都会在社交媒体上看用户评价。有些用户晒出的房子并不豪华，甚至墙皮都有点脱落了，但他会写：虽然在外地打工挺辛苦，但是有极米就有了家的感觉。我们意识到，我们跟用户之间的链接，有一条情感纽带——那就是幸福生活；我们在从事的事业，不是冷冰冰的消费电子产品，而是人们幸福生活的真实注脚。

极米科技是中国投影市场份额第一的企业，也是目前中国唯一能自己设计制造光学镜片和光机的投影企业。2021 年，我们在科创板上市，迎来了进一步发展的突破。

极米的创业之路始于 2012 年，我们抓住了消费升级、新国货、电商普及的发展机遇，在 2018 年打破了外资传统投影品牌十几年的垄断，成为中国市场第一。到现在，我们已经连续 5 年保持第一。

2021 年，我们开始用全球化品牌的运作方式，大力拓展海外市场。截至目前，我们已入驻全球超过 4500 家主流零售商门店，全球用户数量突破 500 万人，获得国际大奖 79 项。

让我印象非常深刻的是，美国用户说："我以为投影行业早已走向没落，但是看到极米的产品，我觉得投影变成了全新的物种。这个新物种，让我在家的娱乐更爽、更幸福。"

那么，代表生活幸福感的新物种，是如何在幸福城市成都茁壮成长的呢？从极米将近 10 年的成长中，我选取三个关键故事，跟大家交流和分享在成都创业的幸福感。

故事一：

在故事的开头，我们要先回到 2012 年。当时受一段手机视频的启发，极米的创始团队准备创业。第一件大事是选址，是选珠三角还是选成都。答案毋庸置疑。三个方面的因素：一是家乡情结；二是成都的安逸的生活，它让人少浮躁、更安稳，更能让技术人才专心做研发；三是成都丰富的人才供给，成都有 58 所高校，全国名列前茅，跟我们专业对口的光学和电子专业也非常拔尖。于是，2012 年我们在成都西边租了一栋清水房子开始"车库创业"。很有意思的是，从创业以来，我们很多合作伙伴过来成都出差，都会刻意选周四、周五，这样忙完工作，可以在成都过一个闲适的周末。

2013 年，我们被成都移动互联网协会"发现"，受邀入驻成都天府软件园创业场并正式注册成立了公司。从工商注册到开发票，创始团队一窍不通，工商、税务等相关主管单位安排了相关工作人员上门指导。从成立到现在，成都市政府一直有专班支持极米的发展。

故事二：

传统投影一直没能在大众消费市场普及，一是它只是一个显示设备，要构建完整家庭影院体验门槛太高；二是存在噪声大、光源寿命短、外形笨重等产品短板。极米推出的家用智能投影仪，让投影仪成为好看、好用、好听的多媒体娱乐设备。我们把投影、音响和智能系统整合于设计精巧的机身，创造性采用固态光源解决使用寿命短板，同时加入AI技术，让投影仪告别烦琐的"调教"，实现了开机即用。彻底颠覆传统投影产品形态和体验的家用投影仪，推动投影仪迎来了第二次爆发式增长。

光有好的产品是不够的，还需要有与之匹配的运营。在创业初期，我们做电商促销节，需要资金提前备货。当时我们还是一家轻资产公司，没有房产和固定设备，银行尽管看好我们的发展，但对贷款还是有些顾虑。之后，我们向成都政府打造的科技金融服务平台寻求帮助。仅仅在申请一个月后，我们就通过政策性贷款产品"成长贷"，获得了一笔500万元的贷款，解了燃眉之急。

故事三：

时间来到2022年——投影行业已经通过颠覆式创新构建了产业发展的新格局，进入建设优质品牌、融入全球市场的新阶段。这个阶段最重要的就是完善质量基础设施建设、实现高质量发展。

家用投影是新兴行业，但是在关键指标亮度上，行标和国标仍然采用美国ANSI流明的投影测试标准。该标准于1992年发布，跟家用投影技术和用户使用场景不适配，导致部分企业为获得短期利益而"钻空子"，出现"亮度虚标"等行业乱象。这些乱象侵害消费者权益、扰乱市场良好发展秩序，导致行业走向劣币驱逐良币的窘境。完善质量基础设施建设迫在眉睫！

在成都各级市场监督管理局的指导和支持下，2022年我们率先更新了企标，推出了全球投影行业最严苛的亮度标准——电影色彩亮度。2023年，我们和中国电子视像协会一起主导制定了国内首个投影亮度测试团体标准——CVIA标准。标准公布后，得到了海信、坚果、峰米等行业主要企业的支持和京东、天猫、抖音等销售渠道的认可。在2023年9月召开的中国质量（成都）大会上，我们也与国内主要的标准机构建立了联系，将就投影行业标准化推进展开进一步的合作。

成都是一个很有魅力的城市，非常包容，文化多元，很受年轻人欢迎。有年轻人、有人口净流入的地方，必然也会是一个新兴产业蓬勃发展的地方。未来，极米将持续深耕成都，加大投入底层技术研发，不断推出满足用户生活的好产品，为成都乃至全国、全世界人民的幸福生活增添色彩。

（内容源自"企业家幸福感营商对话暨制造业立市苏州论坛"，有删节。）

## 一汽大众成都分公司党委书记：
### 与龙泉驿区"双向奔赴"

在东北黑土地上成长壮大的一汽大众，于2009年布局西南，在成都市龙泉驿区注册成立了成都分公司。作为龙泉驿区第一家入驻的整车企业，一汽大众被寄予了成都乘用车生产的开荒者的厚望，而龙泉驿区也责无旁贷地扛起复兴四川汽车工业的大旗。

近15年的时间，一汽大众和所有驻区企业一起，与龙泉驿区"双向奔赴"，使汽车产业从无到有、从小到大，使工业取代农业成为龙泉驿区的支柱产业。

从零起步可谓困难重重。15年前的龙泉驿区主业是农业，乘用车生产完全是零基础，没有零部件配套体系，没有大规模轿车生产的蓝领队伍，不具备产业发展的物流条件……龙泉驿区乘用车生产从哪里入手？跨越山海关来到成都的捷达车会不会"南橘北枳"？

但一汽大众胸有成竹，不到一年半的时间，总投资超过200亿元，一座包括整车制造四大工艺的现代化工厂拔地而起，捷达车、速腾车相继量产，而龙泉驿区政府也亮出自己的两张王牌，那就是诚意和效率。

数千名员工的住宿成为难题，政府修建了 11 栋电梯公寓，"职工之家"的命名亲切温暖，企业和学校建立了产教联盟，定向企业培养蓝领工人；原有的配电设施不能满足电能需求，政府主动承建了一座 110 千伏的专用变电站；道路不能满足零部件准时化供货要求，政府在世纪大道、长春路两个交叉口修建了隧道，成为连接整车厂和物流件园区的黄金隧道。当一汽大众西厂扩产能时，政府在东西工厂修建了 5 座桥，我们称之为"连心桥"。

这样的例子不胜枚举，都体现着龙泉驿区的承诺，企业的事无小事，再小的事都是区委、区政府的大事。

得益于龙泉驿区和社会各界的大力支持，一汽大众成都分公司快速发展，我们创造了单一工厂年产 70 万辆的产量奇迹，刷新了 56 秒下线一台车的龙泉速度，至今我们已累计实现整车生产 600 万辆，产值 5000 亿元人民币，税收 500 多亿元人民币，带动近百家配套企业落户龙泉驿区。作为链主企业的一汽大众交出了一份完美答卷，这些成绩得益于龙泉驿区健全强链的坚定举措。

以一汽大众入驻为开端，区内陆续集聚了一汽丰田、沃尔沃整车制造等 10 家车企，搭建起了一条集研发、零部件生产、整车制造销售为一体的完整产业链。2022 年，龙泉驿区实现整车生产近百万辆，汽车产业产值突破 1500 亿元，成为中国第六大汽车制造业基地，全链协同的产业发展路径越发明晰。龙泉驿区推出"驿站办"营商环境品牌，主动靠前服务，快速回应企业诉求，同时雪中送炭精准施策，务实善治的积极作为给企业发展以强支撑。

2023 年，面对疫情后消费者信心不足、汽车市场销售乏力的严峻情况，龙泉驿区积极落实国家和省市关于促进汽车消费的要求，密集出台各项消费激励政策，轮番展开各种汽车促销活动，在第二季度就助力捷达品牌实现销售 4.6 万辆，市场份额同比增加了 0.3%。

龙泉驿区产城融合的发展思路增添了企业发展的新活力，龙泉驿是成都"东进"战略的桥头堡，是成渝双城经济圈建设的主要阵地，也是第 31 届世界大学生夏季运动会开幕式所在地。在这里，高质量城市发展和高质量产业发展相互呼应。

比如，捷达品牌SUV系列车型成为大运会官方指定工作用车，龙泉驿区在大运会开幕式所在的东安湖最高光的位置为捷达提供了品牌展示区，捷达智能机器人和来自全球的运动健儿互动，极大了传播了本土品牌的形象。东安湖黄金位置全力支持捷达品牌新媒体中心建设，助推捷达转型升级。正是由于龙泉驿区优质的营商环境，2019 年，当捷达从一款车型蝶变为一个品牌时，一汽大众毫不犹豫地将新生的捷达品牌落户龙泉驿区。2021 年，一汽大众数字化研发中心也落户龙泉驿区。

跨越发展，携手并肩再续古驿新篇章。面向未来，捷达品牌正积极拥抱电动化和智能化转型。当前，我们正在推进首款新能源车项目，后续形成包括纯电、混动、燃油等车型的完整阵容，满足用户更多元的需求。

面向未来，一汽大众成都分公司将继续深耕龙泉驿区，加大投资，深化政企合作。当前，全产业链的深度合作正在规划实施中，龙泉驿区正以最优质的东安湖片区资源支持捷达项目用地，大力扶持政策护航捷达政策实施，以优质的公共服务平台助力捷达数字化转型。未来，政企双方合力，将捷达打造为四川智造的国际化品牌，为产业发展做出更大的贡献。

（内容源自"企业家幸福感营商对话暨制造业立市苏州论坛"，有删节。）

## 四川科伦博泰生物医药股份有限公司总经理：
## 城市与企业是紧密的利益共同体

科伦集团创立于1996年，历经27年的发展，现已成为年销售收入超过500亿元、研发投入超过100亿元的中国医药行业创新头部企业，连续四年评为中国医药研发产品线最佳工业企业。科伦博泰是科伦集团的控股子公司，在美国、北京、上海、苏州、成都都设立有研发机构，专注于生物医药和创新药的研发生产和商业化。

我想通过三句话谈一谈成都温江区和科伦博泰的故事。

第一句话是荀子的"积土成山，风雨兴焉；积水成渊，蛟龙生焉"。好的营商环境需要政府久久为功的坚持，科伦博泰是最早进入成都医学城的企业之一，经过十年的发展历程，我们切身感受到了温江对于落实创新驱动发展战略、打造生物产业发展智力引擎的雄心。

多年来，温江始终坚持医学、医疗、医药"三医融合发展"的理念，以十年磨一剑的专注和韧劲深耕大健康行业，引进和培育了药明康德等大健康产业上下游协作企业582家，形成了涵盖医学研发、医疗服务、医药制造的完整生态体系。正是在温江持续优化产业生态环境，厚植民营经济发展沃土的不懈坚持下，科伦博泰才有今天一系列的成绩。

第二句话是老子的"图难于其易，为大于其细"。创业研发不是容易的道路，科伦博泰能够坚持创新研发，并取得一定成绩，和温江区委、区政府在项目建设、固定资产、研发投入、创新成果等方面给予的专属性政策引导和资金支持分不开。比如说，协同成都海关率先在全国实现了关键协同的监管创新，将进口物品的特殊品监测评估时间压缩到了两三个月；第一时间帮助企业解决了用工用能、融资等一系列的问题，为科伦博泰的发展提供了良好的环境和坚强的后盾。

第三句话是苏东坡的"此心安处是吾乡"。幸福感不仅在于物质的满足，更在于心灵的宁静和安逸。住在温江，进可以享都市繁华，退则享田园静谧。近年来，温江区不断优化人才激励体系政策，从子女教育、医疗、住房保障多维度给予了大力支持，为公司100多位海归科学家等引进的高层次人才解决了后顾之忧，提升了创新人才的聚集效率和稳定性，真正做到了让企业家放心投资、安心经营、专心创业。

城市与企业是紧密的利益共同体、命运共同体。一座城市的繁荣兴盛，离不开企业的蓬勃发展，企业的蓬勃发展又离不开政府为之打造的最适宜的生态，希望温江始终保持发展医药健康产业的战略定力，一如既往地支持民营企业的发展，不断提振企业家的信心和发展预期，将温江打造成营商环境的金字招牌。

（内容源自"企业家幸福感营商对话暨制造业立市苏州论坛"，有删节。）

# 11

宁

波

全市平均每天诞生 190 家企业

# "解法"营商环境最优市

在宁波，每七个人中就有一位"老板"。按照 2022 年宁波市统计局公布的数据，宁波常住人口为 961.8 万人；而 2022 年 2 月，宁波市场主体已突破 130 万户。

宁波"老板"的数量仍在持续上升，全市平均每天诞生 190 家企业。截至 2023 年 8 月，宁波经营主体已达到 136 万户，占浙江省总量的 13.6%。这个数字，不仅远超过 2013 年的 57.38 万户，而且增长速度惊人，仅半年左右就增加了 6 万户。

增长的经营主体，主要来自民营经济。宁波是个不折不扣的"民营大市"，民营经济是推动宁波高质量发展的主力军和引领力量。可以说，正是宁波民营经济主体的发展和壮大，夯实了宁波幸福发展的基本盘：70% 以上的税收、65% 的地区生产总值（GDP）、81% 的出口额、85% 的就业岗位和 95% 的上市公司及高新技术企业都来自民营企业。

在宁波民营经济经营主体中，既有实力比肩跨国集团的龙头企业，也有忙碌于城市各个角落的个体工商户。2022 年，有 18 家宁波企业成功入选中国民营企业 500 强。

数据显示，2023 年第一季度，宁波民营企业规上工业增加值 739.4 亿元，同比增长 7.2%；其中，宁波的专精特新"小巨人"企业数量领跑浙江，以民营企业为主的制造业单项冠军数量更是领跑全国。

质优量大的"老板"不断涌现，折射的是宁波城市营商环境的优化。宁波市市场监管局相关负责人在接受媒体采访时表示，优质的营商环境是宁波经营主体活力涌动的重要原因。

宁波营商环境好不好，归根到底，还得宁波"老板"说了算。全国工商联发布的《2022年万家民营企业评价营商环境报告》显示，宁波营商环境排名全国第五，连续四年居全国大城市第一方阵。雅戈尔集团股份有限公司负责人对宁波营商环境赞誉有加，"在宁波，企业能专注经营，无后顾之忧"。

宁波聚嘉新材料科技有限公司2020年9月落户宁波，三年后，这家企业已经瞄准了成为行业头部企业的大目标，2023年公司预计年营收突破3亿元。几年前，该公司创始人及其团队参加了在宁波举行的"全球新材料行业大赛"等赛事，获得大奖，之后在宁波各级政府部门的大力支持下，创立了这家公司。该公司负责人说，政府"有求必应，无事不扰"，让企业可以心无杂念地在5G通信材料这一赛道上不断驰骋。

幸福都是奋斗出来的。幸福城市宁波的发展史，是一部城市奋斗史。"八八战略"实施20年来，宁波规上企业数量从2002年的4600家，提升到2022年的10099家，规上工业总产值从2002年的2000亿元提升到2022年的2.43万亿元，增长了11倍。

如今，宁波正全力打造最优营商环境，并期待一流环境的强大引力汇聚幸福，绘好高质量发展新图景。

## 锚定一流标准、一流示范、一流口碑

营商环境优化——宁波如何填写这张答卷？

宁波知道，优秀的营商环境是激发经济活力的核心要素。早在2013年商事制度改革推行以来，宁波就通过优化市场准入，推进"证照分离"改革，完善市场退出等一套"组合拳"，激发经营主体的活力。

宁波同样知道，想要赢得城市幸福发展的主动权，既不可能简单地依赖优惠政策，更不可能依靠低要素成本。制胜之道在于优化营商环境，这也是最持久的获胜法宝。近年来，宁波以"放管服"改革、"最多跑一次"改革、数字化改革为突破口，积极打造高效便捷、公平有序的营商环境，基本建成无证件办事之城、掌上办事之市，也成为全国社会信用体系建设示范区、首批全国法治政府建设示范市。

2023年的宁波政府工作报告中明确提出新目标：建设营商环境最优市。同时提出，宁波要迭代升级营商环境政策体系，强化工作协同推进，积极争取国家营商环境创新试点。

2023年4月23日，宁波召开全市营商环境优化提升"一号改革工程"大会，给出了更明确的目标——"奋力争先打造营商环境最优市"。具体来说，宁波要"聚全市之力、集各方之智，奋发有为推进'一号改革工程'，奋力争先打造营商环境最优市，为宁波'争创市域样板、打造一流城市、跻身第一方阵'提供强大支撑"。

宁波如何推动营商环境竞争力、创新力、影响力和满意度显著提升，同时让全市域营商环境整体达到国际一流水平？

4月23日召开的那场大会给出了答案，明确了宁波营商环境优化提升的方向和方法论。会上有关领导解读了《宁波市营商环境优化提升"一号改革工程"行动方案》（以下简称《行动方案》），同时强调要锚定"一流标准、一流示范、一流口碑"目标，以更硬举措聚力打造亲商安商大场景。

这份《行动方案》干货满满，具体涵盖了全面优化的五大环境36项重大任务、十大专项行动。换句话说，奋力打造营商环境最优市的宁波，给出了打造营商环境最优市的五个维度的具体指南。

一是打造最优政务环境，包括政务服务质效提升等。比如，在提振市场信心上出实招，增强惠企助企政策有效性、提高降本减负增效感知度、提升涉企政务服务满意度，整体提升企业生存力、竞争力、发展力、持续力。

二是打造最优法治环境，包括完善营商环境法规制度等。比如，在维护公平正义上用硬招，坚决保护合法权益，有序合理规范监管，公正高效执法司法，塑造公平公正的营商环境、正气正义的社会风气。

三是打造最优市场环境，包括完善市场准入机制等。比如，在扩大包容开放上出新招，着力提升国际化水平，充分融入国内统一大市场，坚决破除各类市场壁垒，把宁波打造成为外商投资首选地、海外人才集聚地、跨境旅游目的地。

四是打造最优经济生态环境，包括完善人才集聚体制机制等。比如，在创优发展环境上有高招，提升产业生态承载力、基础设施服务力、资源要素保障力，以更优经济生态吸引企业、人才、资本、项目加速集聚。

五是打造最优人文环境，包括营造尊商、亲商、安商氛围等。比如，在构建宜商氛围上见真招，弘扬创业创新的企业家精神，建设宜居宜业的城市环境，打造亲清政商关系升级版，让越来越多的市场主体看好宁波、投资宁波、扎根宁波。

《宁波日报》随后刊发"奋力打造营商环境最优市"系列评论员文章，其中一篇的主题便是"聚力打造亲商安商大场景"。

文章对应《行动方案》，分别提出更清晰的建议和要求。例如，在政务环境方面，要跑出政务服务"加速度"，在提振市场信心上出实招；要用"政务效率"换取"发展效益"，用"服务指数"提升"信心指数"。文章认为，优化营商环境的紧迫任务，是降低企业成本。所以，要增强惠企助企政策有效性、提高降本减负增效感知度、提升涉企政务服务满意度，以高效便捷、增效增值的政务服务，全面降低经营主体交易成本。

在法治环境方面，宁波要织密法治保障"防护网"，在维护公平正义上用硬招。比如，健全企业和企业家合法权益保护快速响应机制，形成公、检、法、司联动联惩的"安商护企"大生态，健全知识产权创设、开发、保护、利用全链条全周期管理服务体系，坚决保护企业和企业家合法权益。同时，执法司法要公正高效，规范权力运行，做到法无授权不可为、法定职责依法为，防止自由裁量任性而为。

在市场环境领域，宁波要成为外商投资首选地、海外人才集聚地、跨境旅游目的地。对外，主动接轨国际标准，对标世界银行标准和高规格国际经贸规则，构建与国际化相适应的公共服务、人文交流、基础设施等生态，着力提升国际化水平。对内，充分融入国内统一大市场，以高品质供给撬动引领不断升级的国内需求，推进自主创新成果在更大范围内市场化和产业化。

同时，宁波要厚植经济生态"营养土"，在创优发展环境上出高招。比如，增强产业生态承载力，着力打造一批标志性产业链，引导企业创新发展，在未来产业竞争中抢占先机。要提升基础设施服务力，全力补齐基础设施、环境品质、核心功能的短板弱项，全面彰显现代化滨海大都市的大美风貌。

此外，宁波要构建宜商氛围，增强人文环境的"亲和力"。比如，突出以人为本，把宁波打造成能吸引人、留得住人，可感知、有温度的城市。

## 向增值服务、集成服务、精准服务跃迁

2023年7月，宁波的陈女士投资了一家数字科技公司，这是她继2016年成立一家文创企业后开办的又一家新公司。

接受媒体采访时，陈女士说，这些年的创业经历，让她感受到宁波开办企业效率的飞速提升。当年她成立第一家企业时，曾带着材料前后跑了近半个月，来来回回折腾了五六次，才最终完成营业执照的办理手续。七年后，她给

新公司办理营业执照,发现不仅能网上办理,还能同步办理公章刻制、税务登记、员工参保登记、公积金缴存登记、医保登记等业务,而且支持在线电子签名。她当天就拿到了营业执照及公章。

宁波有许多企业像陈女士这样通过网上平台完成新公司开办手续。统计显示,仅 2023 年前 7 个月,宁波全程网办的新开企业就超过 4 万家,占同期企业开办数的 99.99%。

快捷高效的政务效率,得益于宁波开办企业的"一件事"办理模式。宁波如今已实现市场监管、公安、税务等七部门的"一网通办""一窗通办""全城通办""一日办结"等。

近年来,为了让市场经营主体办事更加便利,宁波出台了一系列具体的政策,层层推进政务服务的提质增效,在营商环境的优化方面持续发力。

2019 年 3 月 20 日,宁波市委深改办转发了《关于推进企业开办全流程"一件事"一日办结的实施方案》(以下简称《实施方案》),明确了各部门助力企业加快完成经营事前筹备工作的任务分工。

《实施方案》提出,宁波大力精简开办环节、优化再造办事流程、推行集成服务模式、打造一窗服务平台等举措,使企业开办实现"三个一":一是"一门通办",开办企业所需事项由政府相关部门内部流转办理,改"串联审核"为"并联审核",提高效率;二是"一窗服务",将此项改革纳入"涉企证照由市场监管部门通办"范畴,通办窗口均可受理企业开办事项,实现一次受理、一次采集、全程通办、集成审批;三是"一网集成",深化"一网服务平台"建设,完成税务、人社等各相关系统平台对接改造,实现数据共享交换,形成"互联网+政务服务"新模式。

2022 年印发的《宁波市 2022 年优化营商环境重点任务清单》(以下简称《任务清单》)中,宁波列出 108 项含金量大的改革举措,一体推进全链条优化审批、全过程公正监管、全周期提升服务。

可以说，从企业注册到发展，宁波创造性地实施了市场经营主体全生命周期管理服务改革。宁波提出，推动便捷服务向增值服务迭代，多头服务向集成服务转变，面向服务向精准服务跃迁。

以专精特新企业的培育为例，宁波近年来从资本、创新、人才、数字化、法律、宣传六个维度出发，出台了一系列政策与文件，同时精心选择数家中小企业公共服务示范平台，面向宁波全市专精特新"小巨人"企业开展企业创新能力提升、上市融资辅导、创新成果转化、数字化赋能、高端人才培育、法律咨询、政策辅导、资源对接等全方位服务。

所谓专精特新企业，是指具有"专业化、精细化、特色化、新颖化"四类特征的企业。其中，专精特新"小巨人"企业位于制造业产业链、供应链关键环节，其主导产品是新一代信息技术与实体经济深度融合的典范。

宁波作为中国重要的先进制造业基地，国家级制造业单项冠军总数居全国城市首位。工业和信息化部 2023 年 7 月公布的第五批专精特新"小巨人"企业名单显示，宁波有 69 家企业成功入选。这意味着宁波国家级专精特新"小巨人"企业数量累计已达 352 家，大约占整个浙江省的 1/4。

针对专精特新企业的培育，宁波创新了"政策集成＋精准扶持"协同机制，出台了《宁波市聚焦关键核心技术打造制造业单项冠军之城行动方案》《关于加快推进制造业高质量发展的实施意见》等文件，大力支持专精特新企业发展。

宁波还创新"要素保障＋推广应用"服务机制，银行、保险、证券等部门联动，打造专精特新企业专属信贷产品和保险产品。截至 2023 年 1 月，共有 448 家企业在甬股交"专精特新板"挂牌。宁波余姚的浙江佳贝思绿色能源有限公司，通过走专精特新绿色信贷通道，成功获得 2000 万元的贷款。

位于宁波鄞州区的精成车业是一家主要生产汽车后视镜驱动器的"小巨人"企业，因为厂区太小，产能受到限制。鄞州区助企服务队于 2023 年 2 月上门获悉情况后，很快协调附近一片4800平方米的厂房，租给了该企业。企业相关负责人对此非常感激，表示精成车业能从小微企业成长为"小巨人"企业，离不开宁波优质的营商环境，"技改时提供补贴，扩产时协调厂房，政府关键时刻出手，让我们抓住了发展的机会"。这名负责人向记者透露，在助企团队的服务下，该企业已累计享受奖励和退税800余万元。

宁波琳盛高分子材料有限公司财务负责人介绍，2022年该企业享受研发费用加计扣除873.3万元，享受高新技术企业所得税减免194.5万元，缓解了公司资金压力，为产品技术更新、绿色升级提供了十足的动力。

仅2023年前4个月，宁波就兑现了惠企惠民政策资金354亿元，而且，通过专精特新企业集群化培育，宁波两年间新增了2235家高新技术企业。

各项惠企政策给民营企业的发展按下了安全稳压阀。

前文提及的宁波琳盛高分子材料有限公司在2023年继续加大研发投入，并引进3条生产线。

宁波创润新材料有限公司负责人告诉记者，该企业在宁波完成了超高纯金属提纯关键技术研发并实现产业化，"这里干部的服务意识很强，也给了我们做好产品的极大信心"。2023年，这家企业在宁波持续追加投资，预计新购置2000万元左右的设备。

## 探索法治化营商环境建设的"宁波样板"

在宁波，"法治是最好的营商环境"这一理念已进入实践层面。早在2021年9月，宁波就挂牌成立全国首家营商环境投诉监督中心。2023年8月，宁波法治化营商环境研究院正式成立。这也是浙江省首家促进法治化营商环境的专门研究机构。宁波市委依法治市办相关负责人表示，研究院将探索法治化营商环境建设的"宁波样板"。

在优化法治化营商环境方面，宁波近年来加大知识产权保护力度，助力经济高质量健康成长。宁波认为，只有在知识产权得到保护的情况下，才能释放自主创新的"源头活水"。因此，宁波结合制造业基础优势，建成了全国首家知识产权保险运营中心，推进了知识产权保护"一件事"集成服务平台、"掌上执法"等营商环境数字化应用，提高了知识产权法治化保护水平。2022—2023年，宁波连续两年在全国知识产权行政保护工作绩效考核中排名第一。2023年，宁波入选全国首批国家知识产权保护示范区。

2023年4月发布的《宁波市2022年知识产权发展与保护状况白皮书》显示，2022年宁波有5300多家高新技术企业成为全市最大的知识产权创造和运用群体，这说明宁波以企业为主体的源头创新创造如今更具活力。

同时，宁波坚持市场化导向，以知识产权的高效流转促进创新资源要素的有序流动和优化配置，加速释放全社会的创新创造活力。为此，宁波成立了全国首家实体化运作的宁波市知识产权保险运营服务中心，实现知识产权险种全覆盖，保险服务辐射至长三角一体化城市，已累计为国内887家企业的6396件商标、2551件专利等提供承保服务，累计保障额度8.9亿元。

宁波还成立全国首个计划单列市知识产权交易服务中心——宁波市知识产权交易服务中心，持续推动宁波科技大市场、宁波市科技创新云服务平台建设，每年服务企业超过3000家。

2022年的数据显示，宁波市知识产权运营基金累计签约投资项目10个，投资金额合计1520万元，引导主投机构投资金额1.24亿元，放大倍数超8倍。2022年，宁波专利开放许可数量和被许可数量共1196项，均位居浙江省第一。在知识产权金融服务方面，宁波也表现不凡。2022年，宁波全市知识产权质押融资金额164.88亿元，累计发放知识产权质押贷款金额位居全国第六、计划单列市第一。

在培育企业成长的"沃土"中，筑牢知识产权保护的法治"围墙"确实重要，但宁波的做法和创新不止于此。

比如，宁波鄞州区把企业获得感和满意度作为评价营商环境的第一标准，通过集成构建"亲清品牌矩阵"，以优质政商生态推动营商环境优化提升，助力打造市场化、法治化、国际化的一流营商环境。

比如，宁波宁海 2023 年 4 月创新推出了"宁管家"服务模式。该模式对现有"企服通"平台"诉求通"板块功能进行迭代升级，构建"问题收集、分类交办、协调会商、评价反馈、跟踪督办"五大关键环节，通过"一个口子"归集、"一个口子"交办，一站式帮助企业破解难事、烦心事。

再比如，宁波市委政法委发动全市网格员开展网格助企活动，积极发挥网格化服务管理在送政策、查风险、排隐患、化矛盾等方面的作用，动态走访企业、个体工商户等商事主体，及时更新基础信息，了解实际困难和服务需求，推动为企业办事。截至 2023 年 7 月，宁波市网格员共走访企业、个体工商户等商事主体 64 万余家，上报相关事项 7.9 万余件，参与化解涉企业矛盾纠纷 1630 余起，办结率 99.7%。

更多的创新在宁波奋力打造营商环境最优市的实践中不断涌现，一幅安商、亲商、暖商的城市新画卷正徐徐展开。什么样的营商环境才是企业所需、民众所需、城市所需？幸福城市宁波提供了一种新解法。

# 宁波企业
# 有话说 ▶

## 雅戈尔集团股份有限公司董事长：
## 雅戈尔与宁波共发展

雅戈尔自1979年创业，距今已有40多年的历史。我们是一家以时尚产业为主体的综合性企业，旗下有雅戈尔、美雅、汉麻世家、哈特马克斯、UND、HH六大品牌。2022年营业额为1715亿人民币，名列中国民营企业第46位。雅戈尔的成长与发展，与我们宁波这个重商亲商的城市是分不开的。

一、顺应时代浪潮，企业崭露头角

早在20世纪八九十年代，中国的乡镇企业在苏南这块沃土上异军突起，同时，雅戈尔也在宁波这块广袤的四明大地破土而出。当时企业处于初创阶段，缺乏资金、技术，宁波市各级党委、政府带领我们企业家到上海寻找合作机会。1983年，雅戈尔与上海开开成功合作，中国首家横向联营企业在宁波诞生。为了帮扶初创企业，宁波市各级党委、政府手把手地引导雅戈尔加强标准化建设、完善计量制度、推进全面质量管理，创优升级，雅戈尔当时被评为国家二级企业，使企业逐步向纵深发展。

后来，地方党委、政府又带领企业北上苏州、无锡、常州，学习苏南乡镇企业发展之路，还南下珠三角引进外向型经济的成功经验。1993年，在市县党委、政府的支持下，雅戈尔率先进行股份制改革试点，成为中国民营企业第一家规范化的股份制企业。1998年，雅戈尔在上交所上市，为日后发展打下扎实的基础。

二、进入新世纪，迈向新时代

宁波企业能专心经营，无后顾之忧。每当外部环境发生变化，企业经营遇到困难，党委、政府都主动出台各项惠企政策，帮助企业走出困境。

宁波企业多，对人才的需求比较大。党委、政府主动帮助企业到各地招聘人才，并及时出台"一号改革工程"，引进各类人才，制定各项优惠政策，助力企业稳健成长。

在企业成长发展中，各级党委、政府始终把规范运作、依法经营作为重要原则，通过司法培训、法制教育，加强政企协调沟通，使企业逐步走向依法经营的规范道路。

宁波是一个崇商敬商的城市，近代涌现出无数优秀企业家、金融家，如包玉刚、王宽成、邵逸夫，与宁波的崇商氛围密不可分。宁波960万人口中，各类市场主体130万家，得到了党委、政府的关心和培养。党委、政府始终把企业家当自己人，倍加爱护；广大民众也对企业家非常认可和爱戴。

未来，雅戈尔将继续践行"让人人变得更美好"的企业使命，以企业发展带动更多人的共同富裕，与宁波共成长，与宁波共繁荣！

（内容源自"企业家幸福感营商对话暨制造业立市苏州论坛"，有删节。）

## 浙江大丰实业股份有限公司董事:

## 优质营商环境为企业茁壮成长提供了肥沃的土壤

大丰实业起源于 1991 年,是在余姚土生土长赓续发展的文体旅行领域的领军企业,也是国家文化出口重点企业、国家文化和科技融合示范基地、国家制造业单项冠军示范企业。2017 年大丰实业在主板上市,成为行业第一家主板上市的企业。

余姚优质营商环境为大丰的茁壮成长提供了肥沃的土壤,为大丰的高速发展插上了飞翔的翅膀。大丰在余姚市拥有两大智造基地——阳明"智造"基地和低塘"智造"基地,为企业实现智能化生产夯实了基础。

在"一带一路"倡议的指引下,余姚市政府鼓励企业"走出去",大丰积极响应,以科技助推企业文化出海,拓展海外业务,为全球客户提供优质文旅体产业整体集成解决方案。目前,大丰的产品已遍及全球文体场馆,为五大洲 100 多个国家和地区打造了 5000 多个经典项目。

大丰为杭州举办的第 19 届亚运会开幕式、闭幕式提供了核心装备,为 36 个比赛场馆提供了演艺装备、制造场馆核心产品等方面的生产服务,为亚运会博物馆的部分场馆提供了优质的运营服务。同时,大丰坚持双向赋能,利用亚运会平台做好企业展示,积极和亚运会参赛各国开展交流。

余姚是一片产业蓬勃的热土、创新创业的厚土、安居乐业的沃土,大丰将助力余姚有效利用文化IP促进文旅商共生共融,从工业城市转型为休闲小镇。

未来,大丰将继续在文体旅领域发光发热,助力余姚打造更具硬核力的"智造余姚",更富包容性的"开放余姚",更加智慧化的"数治余姚",更享美誉度的"文化余姚",更显影响力的"品质余姚",更有获得感的"幸福余姚",开拓县域现代化的新境界。

(内容源自"企业家幸福感营商对话暨制造业立市苏州论坛",有删节。)

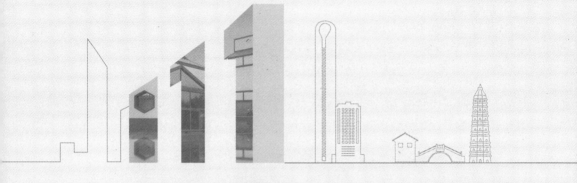

苏

州

你永远可以相信苏州——这是苏州的担当与承诺

# 打造全国"企业敢干"最优营商环境高地

我国的历史名城有很多，但和富贵繁华密切相连的城市却不多。苏州，自古以来就是商贸繁华、客商云集之地，四大名著之一的《红楼梦》更是在故事一开始就提到苏州，称"这东南一隅有处曰姑苏，有城曰阊门者，最是红尘中一二等富贵风流之地"。

苏州"一二等富贵风流之地"的评价可谓延续到现在，只是如今提到苏州，更常用的是"一座奇迹之城"。苏州人用 2022 年的数据来证明这个城市的奇迹：苏州以全国 0.09% 的土地、1% 的人口，贡献了全国 2% 的经济总量，3% 以上的规上工业总产值，2.1% 的一般公共预算收入，3.9% 的实际使用外资，6.1% 的进出口总额；城乡收入比缩小到 1.82 ：1，是全国城乡收入差距最小的地区之一。

不仅如此，作为长三角乃至全国众多产业链循环的发起点和连接点，苏州集聚了 16 万多家工业企业，其中规模以上工业企业 1.3 万多家，涵盖 35 个行业大类、172 个行业中类和 513 个行业小类，是我国乃至全球工业体系最完备的城市之一。2021 年苏州规上工业总产值就超过 4 万亿元，2022 年实现规上工业总产值 4.36 万亿元，居全国第二，仅次于深圳，其中电子信息、先进材料和装备制造三大产业集群产值达到万亿元。

截至 2023 年 9 月，这个被称为"最强地级市"的城市已经拥有 401 家国家级专精特新"小巨人"企业，位居全国第四，纳米新材料、生物医药、高端纺织入选国家先进制造业集群。

为了创造更多奇迹，苏州发扬亲商、安商、富商的城市传统，秉持"营商环境只有更好、没有最好"的理念，因时因势优化升级营商环境政策，切实做到"有求必应、无事不扰"，全力以赴为企业高质量发展赋能添力。2022 年，在全国工商联"万家民营企业评营商环境"调查中，苏州蝉联全国第三，获评"营商环境最佳口碑城市"，并连续 10 年当选"外籍人才眼中最具吸引力的中国城市"。

截至 2023 年 6 月底，苏州市场主体总量达 291.55 万户，位居江苏省第一，且占比超过全省的 1/5；苏州 A 股上市企业数达 204 家，其中民营上市公司 165 家，占上市企业总数的 80.9%；苏州入围中国企业 500 强、中国民营企业 500 强、中国制造业民营企业 500 强的企业数量始终保持全国领先。

有评论认为，苏州已经成为企业家创新创业的乐土，这里每天新增 800 户市场主体、50 件有效发明专利，是创新与产业、资本与产业结合最好的城市之一。

苏州人说，如此多的企业选择苏州，得益于苏州以"高大但不高冷"的温润个性，十年如一日打造并优化亲商、安商、富商的城市营商环境。

## 德企之乡的"双向奔赴"

资料显示，近两年来，外资加速布局苏州，一批行业头部、顶流企业纷纷落子苏州、动作频频。仅 2023 年 9 月 19 日、20 日两天，就有三家行业"巨头"（可口可乐、阿迪达斯、星巴克）与苏州的"联名"项目扬帆启程。

2023 年 9 月 19 日，星巴克中国咖啡创新产业园在昆山开园，这是星巴克在中国打造咖啡生产和物流基地的最大投资项目。自 2020 年 3 月签约落地以来，已先后追加两轮投资，总投资额约 2.2 亿美元（折合人民币 15.2 亿元）。

9 月 20 日，太古可口可乐（苏州）饮料有限公司在昆山开发区正式破土动工，总投资人民币 20 亿元的苏州太古可口可乐将打造成为华东区集生产、分拨、区域性销售总部为一体的现代化工厂，并将于 2025 年底前建成投产。

同样在 9 月 20 日，阿迪达斯苏州自动化配送中心 X 在苏州工业园区启用，标志着阿迪达斯在数字化、智能化、可持续物流供应链领域取得重要进展，为阿迪达斯全球供应链物流的建设提供领先样本；该项目总投资约 10 亿元，是阿迪达斯近五年来在中国的最大一笔投资。

2023 年以来，苏州已陆续迎来多个跨国投资大项目，除了上述项目之外，博世新能源汽车核心部件及自动驾驶研发制造基地、中日智能智造华东产业化基地等项目也纷纷落户苏州。实际上，截至 2022 年底，苏州外资企业就已近 1.8 万家，累计实际使用外资超 1500 亿美元（折合人民币 10089 亿元）。

以太仓为例，这里吸引了来自 54 个国家和地区的 1500 多家企业，其中投资总额超 1 亿美元的企业 84 家。太仓是蜚声中外的"德企之乡"，有近 500 家德企，是商务部和德国经济部联合授予的中国第一个中德企业合作基地。2023 年，太仓作为唯一一个县级市受邀参加第十一届中德经济技术合作论坛，商务部专门复函支持加快建设中德太仓产业合作示范区，中德太仓产业合作发展基地也被写入国家发改委的有关文件。

从 1993 年第一家德企落户太仓，到 2007 年第 100 家德企留驻，太仓用了 14 年，但从第 300 家到第 400 家德企入住，太仓仅用了 3 年时间。德企和太仓彼此成就，"德企之乡"的名气越来越大，在太仓也不断上演着"来到一座城、爱上一座城、留在一座城"的故事。

经过 30 年的发展蜕变，首家落户太仓的德企克恩 – 里伯斯如今已是年销售额超 10 亿元的"弹簧大王"。

克恩－里伯斯中国业务集团高级副总裁、中国区区域代表西蒙·费伊特（Simon Veit）先生说，太仓就像他的第二故乡。2010年他来太仓时就已经觉得这里很不错，13年后，他依然感慨这里的发展速度之快，"今天的太仓变化非常大，有了更多的公园、酒店，交通更加便捷"。

企业为什么会选择落户在太仓？

西蒙介绍，这是一个非常浪漫的故事。公司的前总裁来中国旅游的时候，到了不同地方，后来到了太仓，很喜欢这里的风土人情。这是其中的一个原因。第二个原因是"他当时来太仓时，发现沿途有很多水杉树，这跟克恩－里伯斯德国总部所在的黑森林地区非常像，那里也有很多这种树，这让他有了家乡的感觉。他同时也发现，从经济的角度来说，太仓有区位优势，因为这里非常靠近港口，非常靠近机场，非常靠近上海"。第三个原因是，公司进入中国市场之前搜索信息，发现江苏省和公司总部所在的德国巴登－符腾堡州是友好省州关系，于是，锁定了江苏。一开始选择的是昆山、太仓，但因为前面提到的两点，最终选择了太仓。

西蒙眼中的太仓，是一个非常安全的地方，具有良好的营商环境，比较适合企业发展。他认为，太仓在城市规划和布局上非常合理，给来太仓读书、工作或经商的人提供了好的环境，比如哪些区域是给工业或者企业的，哪些区域是给学校的，都非常清晰。

关于太仓的营商环境，西蒙讲了一些具体的感受。

比如，太仓市政府提供了一个政企直接沟通的平台，企业和政府部门的工作人员可以就有关问题坐下来直接交流、沟通。太仓市政府组织了各类推介会，这让他所在的企业够通过这个推介会获得更多的合作机会。

比如，太仓出台了一些税收方面的优惠措施，不仅是针对企业，也作为引进人才战略的一部分。这对德国或者其他国家的人才来说，非常有吸引力。

谈到太仓市政府对企业发展的帮扶，西蒙有深切的体会。他说："在太仓，企业遇到任何困难，都知道应该去找谁沟通，因为政府有专门的对接部门，所以一有问题，我们会在第一时间反馈，第一时间就可以得到解决。即使去沟通的人不会中文，也没问题，因为政府部门会安排讲德语的工作人员来对接。"

"在太仓，没问题。"西蒙说。

对于广大外资企业来说，深耕苏州是双赢的选择。通用电气高压电气开关（苏州）有限公司在苏州深耕 20 年，从一个车间起步，到 2023 年已经成为通用电气公司高压开关全球主要生产基地之一和国内一流的高压开关生产商，累计销售额已超 90 亿元。

通快（中国）有限公司 2000 年正式进入太仓时，只租了一个面积不到 1000 平方米的小厂房，建立了一个金属钣金制品公司。23 年后，这家德企的营业额从几千万元跃升为如今的 50 亿元，员工从最初的 16 人增加至现在的近 1000 人。

2023 年 9 月 19 日，在太仓举行的 2023 企业家幸福感营商对话暨制造业立市苏州论坛上，通快（中国）有限公司中国区总裁杨刚表示，通快（中国）的茁壮成长，离不开太仓政府给予的支持和帮助。他分享了企业与太仓共同成长、"双向奔赴"的故事，也从企业的视角分享了在太仓的感受。他说，太仓政府非常重视和企业的深入沟通，充分了解当地企业对发展的需求。

杨刚清楚地记得，2021 年底，太仓高新管委会跟企业代表进行了一次非常深入的座谈。会上谈到太仓这样的县级城市如何吸引和留住高端的人才，"当时我们提到，政府要关心高端人才所关心的一些配套措施，包括医疗、交通、子女的教育等"。没想到，政府不仅听从了建议，还迅速采取了行动，"在短短的一年多的时间里，很多项目落地太仓，例如瑞金医院太仓分院的封顶、西郊利物浦大学的正式运作，还有双语学校的招商活动等，这些给我们想吸引高端人才的企业带来了很大的信心……我们感受到政府把我们的需求听进去了，更重要的是立即行动起来了，我们在太仓的幸福感也就随之而来"。

对于城市营商环境，杨刚说，太仓市政府"做得非常踏实"。

太仓在亲商、安商、富商方面的主要做法是打造全程全面的政策环境，确保要素支持"零缺位"。比如，全方位强化政策服务，全力保障土地、资金、人才等要素供给，持续拓展土地空间，新一轮国土空间规划新增发展空间 5.5 万亩，大力推进国土空间整治，积极布局特色产业园区。同时，持续加大金融支持，推进太仓金融综合服务平台建设，创新金融沙龙等"政银企"服务模式，丰富"娄城贷"系列政府增信金融产品，充实"1＋N"引导基金体系，产业引导基金规模扩大到 134 亿元。

在人力保障方面，太仓坚持"产城人"融合发展理念，2021 年至 2023 年 9 月，累计新入户籍超过 4 万人，太仓人才资源总量达到 23.24 万人，高层次人才达到 2.66 万人。值得一提的是，2021 年 12 月，中国首个德国双元制教育机构 AHK 学院落户太仓，开展本土化实践，已累计培养 1 万多名管理人才和专业技术人才。

## 在苏州，天天都是"企业家日"

外资企业用实际行动对苏州投出"信任票"，原因之一是苏州实力"宠企"。

2022 年 3 月，《苏州市优化营商环境条例》正式施行，明确每年 7 月 21 日为"苏州企业家日"。在首个"苏州企业家日"当天，苏州市委、市政府发出《致全市企业家的一封信》。"无论是民营企业还是国有企业，无论是本土企业还是外来企业，都是苏州的'城市合伙人'！你永远可以相信苏州！"信中的这段话频频被企业家转发于微信朋友圈。

2023 年 7 月 21 日是第二个"苏州企业家日"，苏州再次用实际行动给企业送出大礼包，出台"苏式营商环境 6.0 版"，打造办事效率最高、投资环境最优、企业获得感最强的投资目的地，并郑重承诺，"在苏州，天天都是'企业家日'"！

据介绍，苏州从设立全国首个"一站式"服务中心开始，持续加码营商环境建设，陆续推出"优化营商环境创新行动"，并不断优化迭代，截至2023年，营商环境已经升级到6.0版。

全力"宠企"，首先要从"政府视角"转向"企业视角"。苏州对此谙熟于心，持续优化"15分钟政务服务圈"，坚决抓好"一件事一次办""一网通办"等改革，并不断完善"政策计算器""苏商通"等数字化平台，为企业提供"免申即享"等优质服务。

苏州打造企业线上"全链通"、线下"一窗式"融合服务，实现2个工作日常态化、最优0.5天零费用，省内率先实施住所登记申报承诺制和"一照多址"改革，商事登记制度改革成效显著；深化"一网通办"改革，22个高频服务实现"一件事一次办"，183个事项实现"两个免于提交"，省内率先实现营业执照全城通办通取。

在苏州，企业只需登录"苏商通"平台，就可以点击"政策计算器""苏州市公共资源交易平台""政府采购""苏州市研发资源共享服务平台"等应用办成相关事务。其中，"政策计算器"因为实现企业享受优惠政策"一键直达"，被誉为"惠企神器"，得到国务院第七次大督查通报表扬。

苏州希望通过这一系列的服务改革，让企业办事花最少的时间、跑最少的路、交最少的材料、找最少的部门，让企业办事办得快、办得好。

为了将苏州打造成一个让企业家安心经营的发展宝地，苏州坚持"惠企"永无止境，始终急企业之所急，解企业之所难，出台了一系列政策。例如，苏州2022年全年减税降费及退税缓税缓费超过1000亿元，发放稳岗返还资金14.2亿元，为中小微企业贷款延期本息超过1100亿元。2023年，苏州出台"服务通"担保贷款实施细则，让经营主体同时享受政策性担保公司优惠政策及"服务通"减费让利的双红利，并通过退费手段，使经营主体担保成本下降30%。

苏州作为全国首批社会信用示范城市，先后推出信用贷、信保贷、投贷联动、首贷和联合授信等 5 项新政，积极打造苏州"信易贷"综合服务平台，着力解决中小企业融资难、融资贵等问题。

2012 年成立的苏州天展纸业有限公司，最初只是一家经营热压牛皮纸的贸易公司小微企业，年销售额 2000 万元，经过十年的发展，这家企业不断提档升级，2022 年整体销售额超 3.5 亿元。该公司财务总监表示，2016 年公司收购了位于雄安新区的生产基地，需要扩大资金投入，政府部门及时伸出援手：苏州"信易贷"的产品之一"信保贷"为公司提供了数百万元的资金支持，使公司缓解了资金压力，完成了转型升级，可谓雪中送炭。2021 年底，该公司资金压力剧增，但公司大部分固定资产做了抵押贷款，无法满足传统银行贷款的要求。得益于政府部门的信贷政策，仅一周多时间，公司就获得了无抵押的信用贷款 1000 万元，投入研发和生产，及时完成了客户的各类订单。

在苏州，类似的惠企案例还有很多。比如，苏州创新开展"金企联沙龙"活动，打通资本助力民企高质量发展桥梁。据不完全统计，前 6 期沙龙举办后，各承办银行累计为民营企业发放新增贷款超过 15 亿元。

2021 年，苏州开始打造数字经济时代产业创新集群。在苏州看来，完备的产业配套、便利的工序衔接、强大的技术支撑、多元的资金支持，叠加优质的人力资源，方可真正为企业打气提气。

## 你永远可以相信苏州

2023 年 7 月 21 日，在苏州市优化营商环境暨民营经济高质量发展大会上，《苏州市优化营商环境创新行动 2023》（以下简称《苏州营商环境 2023》）

正式发布，这意味着苏州优化营商环境工作进入新起点。

《苏州营商环境2023》围绕优化提升市场环境、创新生态、政务体系、法治诚信、人文底色等五个维度，推出了22个方面的重点工作、126条改革举措、239项具体事项。

该政策文件正式发布一个多月后，苏州本地记者调研全市优化营商环境创新行动进展时，发现从7月下旬开始，全市优化营商环境的"小碎步"就已密集迈出。比如，全市"一企来"已经迭代升级为"企业服务3.0"；苏州海关巩固深化"海关关长送政策上门"服务，深入企业进行现场调研，了解企业生产情况和实际诉求，将"非介入式盘点"作为助企纾困解难的真招实招……

打造"企业敢干"最优营商环境高地，是苏州当下的雄心，更是行动。

2023年1月28日，苏州市推进"敢为、敢闯、敢干、敢首创"动员会暨作风建设大会召开，会上发布了苏州市委2023年的一号文件《中共苏州市委关于推进"敢为、敢闯、敢干、敢首创"在中国式现代化建设上作出引领示范的意见》，亮出"企业敢干"最优营商环境新举措。

苏州这份沉甸甸的"企业敢干"最优营商环境新举措，从四个方面激发各类市场主体发展活力。

一是帮企业排忧解难，坚定"敢干"的信心。构建亲清统一的新型政商关系，完善企业家月度座谈、企业大走访等工作机制，畅通常态化、规范化、制度化政企沟通渠道，坚决兑现各类惠企政策，以帮助企业"解决多少问题、带来多少实惠"为工作标准，做细做实各项服务举措，加大服务保障力度，坚定企业投资苏州、深耕苏州的信心。

二是让企业轻装上阵，营造"敢干"的环境。深化"放管服"改革，持续升级苏州优化营商环境创新行动，做到好上加好、优无止境。探索企业廉洁合规建设，落实"少捕慎诉慎押"政策，深化涉案企业合规改革试点，健全鼓励创新、宽容失败的制度机制。加强知识产权法庭、破产法庭、国际商事法庭和劳动法庭、互联网法庭"五庭协同",依法平等保障各类市场主体的合法权益。

三是为企业赋能添力,释放"敢干"的动能。持续深化国资国企改革,推动国有企业找准定位、优化布局、做强实力。进一步降低市场门槛、解决隐性壁垒,为民营企业提供更多市场参与机会。主动对接高标准国际经贸规则,为外资企业投资发展创造最有利条件,充分释放企业的创新活力和创造能力。

四是助企业突破自我,传承"敢干"的基因。真诚尊重企业家、爱护企业家,大力弘扬企业家精神,引导各类企业树立远大目标。支持上市企业加强市值管理、梯队管理,鼓励中小企业向专精特新发展,推动企业不断做大做强、力争世界一流。支持企业立足苏州、放眼世界,更大力度"走出去"开展全球布局,敢于在国际赛场上去拼搏、去创新、去开拓,在中国式现代化苏州新实践中绽放企业光彩。

苏州希望通过无微不至的"暖企"举措和行动,为企业的发展提供更好的便捷、增值服务,把苏州打造成一个让企业家舒心生活的宜居福地。

苏州也希望做好企业的守护者,把苏州打造成一个让企业家放心创业的投资高地。为此,苏州构建了包括知识产权法庭、国际商事法庭、破产法庭、劳动法庭、互联网法庭"五庭协同"格局,还制定出台"免罚轻罚"清单。2023 年 9 月,苏州涉企轻微违法行为"免罚轻罚"4.0 版清单正式出炉。

在 2023 年 1 月召开的苏州两会上,苏州人发现,2023 年的《政府工作报告》在回顾 2022 年时提到"你永远可以相信苏州"的城市口碑。

你永远可以相信苏州——这是苏州的担当与作为。在打造全国"企业敢干"最优营商环境高地的征途上,苏州同样"显担当、见作为",继承并发扬亲商、安商、富商的城市基因,让更多企业在苏州有底气、有发展、有福气。

# 苏州企业
# 有话说 ▶

**沛嘉医疗科技（苏州）有限公司联合创始人：**

## 与城市创新的脚步同频共振

沛嘉医疗成立于 2012 年，于 2020 年 5 月在港交所主板上市，是当年国内首个在港交所上市的医疗器械企业。发展至今，已拥有了 1100 名员工；一共有 2 款上市产品，以及 5 款绿色通道创新器械；在研产品 20 多个，专利申请超过 250 个。

沛嘉医疗奔跑在高端医疗器械国产创新第一方阵，与苏州开放创新的脚步同频共振。在企业发展的每一个关键时期，既有创新的推力，也有资本的助力，而且每一个阶段都有苏州市政府的支持，把我们从一颗小小的种子培育成参天大树。

落户苏州以后，我们就开始了成长之路。苏州市政府、苏州工业园区为我们提供"全生命周期式"支持，并在企业的技术创新中扮演了"加速器"的角色。我们作为苏州工业园区本土培育的首家医疗器械上市企业，近年来有多款产品进入人体临床，或成为国内首创产品，或填补国内技术空白。苏州工业园区企业发展服务中心（以下简称中心）不断聚合多元化服务资源，推动资源前置，为我们提供"随叫随到，有求必应"的服务。多年来，中心在科技政策、融资支持、人才服务等方面提供各项政策性资金超过数千万元。

创业之路非常艰难，可以说是"九死一生"，但是有苏州市政府、苏州工业园区政府这样可靠的伙伴，我们就非常安心。

举几个例子。在我们成立之初，中心就给予我们园区科技领军人才头衔，授予我们姑苏创新创业领军人才多项称号。到上市冲刺阶段，又将我们纳入"上市苗圃工程"，并提供了非常多的优质资源和资金注入，进一步提升了公司科研综合能力和产品开发速度，帮助企业在港交所成功上市。

沛嘉医疗有一种特殊的原材料，使用过程中不能断电，每年到了用电的高峰期，职能部门都会通过错峰排期、降低负荷等方式，保证企业的用电。

对于进口特殊的原材料，海关工作人员不仅上门进行指导，还主动与上海口岸对接，优化查验和送检的流程，缩短了产品的通关时间。

在人才引进方面，政府也出台各种人才政策，帮助企业积聚创新力量，使企业人才梯队持续完善。

我们的创始人有一句名言：作为高端植入的医疗器械要想成功，要有创新意识，要有天才的工程师和不怕赔钱的风险投资。这些都是缺一不可的，这一路走来，除了以上三个元素以外，我们更离不开政府的支持。

（内容源自"企业家幸福感营商对话暨制造业立市苏州论坛"，有删节。）

## 通快（中国）有限公司中国区总裁：
## 太仓给予的支持和帮助特别重要

通快是一家总部在德国南部的家族企业，到今天已经是一家百年老店。作为一个高新企业，通快每年研发投入占营业额的11%，这使通快成为德国工业4.0联盟的首创成员之一，也生产了阿斯麦EUEV光刻机唯一的光源。通快的首款量子传感器将在2023年底投向市场。

2023年是太仓撤县建市30周年，也是中德合作30周年，对于通快来说是立足太仓服务中国的第23个年头。1983年，通快在中国售出第一台设备，并在 2000 年正式进入太仓。从 2000 年到现在，通快（中国）一直保持着快速的增长，营业额从几千万元增加到现在的 50 亿元，员工从最初的 16 人增加到现在的近 1000 人，在国内的装机数量也增加到 14000 多台。

通快（中国）的茁壮成长，离不开太仓给予的支持和帮助。我想跟大家分享通快作为一个企业扎根在太仓的幸福感来源。

一是太仓市政府强烈的服务意识。有很多例子。其中一个是太仓有关部门跟太仓德资企业协会共同建立了一个 SEE 德企服务站，主要是为德企的需求提供一站式的服务，而且是跟我们企业的协会共同合作，这更加地符合外企的需求。

二是企业的问题能够得到迅速解决。2021 年底，高新管委会跟企业代表进行了非常深入的座谈，其中一个点是太仓作为一个县级城市，怎么样吸引和留住高端的人才。当时我们提到，政府要关心的不只是我们企业的营商环境，更是要关心高端人才所关心的一些配套措施，包括医疗、交通、子女的教育等。在短短的一年多的时间里，很多项目落地太仓，例如瑞金医院太仓分院的封顶、西郊利物浦大学的正式运作，还有双语学校的招商活动等。这些给我们想吸引高端人才的企业带来了很大的信心，让我们能继续动起来。我们感受到政府把我们的需求听进去了，更重要的是立即行动起来了，我们在太仓的幸福感也就随之而来。

展望未来，我们有非常充分的理由相信，通快会扎根太仓，深耕中国市场，继续高速发展，为中国的高质量发展添砖加瓦。

（内容源自"企业家幸福感营商对话暨制造业立市苏州论坛"，有删节。）

# 杭

# 州

打造效率最高、服务最优、保障最强、氛围最浓、满意度最好的营商环境最优市

# 数字"营"城，数智"赢"商

总面积仅为4.64平方千米的杭州古荡街道，常住人口共有5.6万人，然而这个"小街道"却立下了鸿鹄之志：积极打造"数字经济第一街"。

古荡街道的宏愿源于自身的底气。杭州西湖区门户网站对其下辖的古荡街道是如此介绍的："古荡街道位于西湖区中部地区……拥有阿里Z空间、浙大科技园、西溪新座、浙商创投、浙商财富中心、莲花商务中心等32幢、约150万平方米商务楼宇……街道辖区有7家上市公司，4家独角兽企业，6家准独角兽企业。"

这份简单的介绍里特别指出，街道的重点领域、行业是数字经济。

《2023杭州独角兽＆准独角兽企业榜单》显示，古荡街道有11家独角兽与准独角兽企业上榜，包括蚂蚁集团、婚礼纪、口碑、售后宝、飞步科技等，涵盖电子商务、企业服务、人工智能、教育等热点行业领域。

10个城市社区、2个楼宇社区、2个股份经济合作社，32个诸如阿里Z空间、天目里、浙商创投、莲花商务中心、益展大厦等商务集群，6000多家两新组织……谁敢说古荡街道打造的"数字经济第一街"是空中楼阁？就像它所在的浙江省杭州市，作为最早拥抱数字经济的城市之一，几乎无人质疑杭州"全国数字经济第一城"之美誉。

同样地，古荡街道对独角兽与准独角兽企业的吸引力，是杭州新经济创新

活力蓬勃发展的一个缩影。《中国独角兽企业研究报告 2023》显示，2022 年
中国独角兽企业共有 357 家，相比 2021 年，杭州增加了 2 家，仅次于北京、
上海和深圳。而据胡润研究院发布的《2023 全球独角兽榜》，全球十大独角
兽企业中，5 家来自中国，其中 2 家企业在杭州。

另一份数据显示，杭州独角兽企业数量从 2019 年的 26 家增长至 2023 年
的 42 家，年均增长率 10.7%；杭州准独角兽企业数量从 2019 年的 105 家增
长至 2023 年的 354 家，年均增长率 35.5%。

为何杭州的独角兽和准独角兽企业高速增长？或许是因为杭州正致力于建
设一流营商环境，打造全球人才"蓄水池"，迭代升级创新创业生态，加快建
设全球创新策源地，高水平打造创新创业新天堂。

杭州独角兽与准独角兽企业的稳定发展，更是彰显了这个城市稳中有进的
创新力。根据《2022 年全球创新指数报告》，杭州在全球科技集群中的排名
继续攀升，首次进入全球前 20，跃居第 14 位，是历史最好排名，超过英国伦
敦、美国洛杉矶等城市。

近年来，杭州在互联网经济大潮中扬帆出海，聚焦科技与金融两大"风
口"，培育壮大了电子商务、云计算与大数据、数字内容等新经济产业，收获
了"全国数字经济第一城"的荣誉。可以说，数以万计的新生创新力量正在杭
州萌芽，数以百计的新一代领军企业正在杭州涌现。其背后是这个城市对数字
经济产业的扶持及其优良的营商环境。正如盘石集团负责人所说："作为杭州
的一家企业，感受到杭州的营商环境很好。"

## 如何实现数智"赢"商

2023 年 9 月 23 日晚，杭州第 19 届亚洲运动会隆重开幕。开幕式上，一
个巨大的"数字人"踏着钱塘潮涌而来，与运动员火炬手共同点燃主火炬塔，
在亚运史上留下了无比震撼的一幕。这个数字巨人由超过 1.05 亿个亚运数字

火炬手的分身组成，借助虚实结合的技术，实现了"人人是火炬手，人人都能点燃火炬塔"的杭州亚运新目标。

采访杭州亚运会的《中国日报》记者说，因为亚运，许多来杭州打卡的人猛然发现，这座城市的未来感原来那么强。但是，这种未来感还不是冰冷的科技，而是数字技术与美好生活的深度融合：公交车站里的座椅边就是可以充电的USB接口；开车行驶在路上，抬头就能知道周边停车位的情况；亚洲友人到这里，只要点几下，就能在支付宝上开通移动支付……

从"亚运数字火炬手"到亚运村的智慧指挥平台、AR智能巴士，从黄龙体育中心场馆群的"场馆大脑"到"智能亚运一站通"、"机器人战队"组团服务等，一项项全球首创的科技应用彰显了杭州这座数智之城的创新活力。

"数智"赋能杭州亚运，无疑是对杭州这座"全国数字经济第一城"最好的写照。统计数据显示，2022年，杭州全市数字经济核心产业增加值首次突破5000亿元，达到5076亿元，占全市地区生产总值（GDP）的比重为27.1%。

蔚然成风的数字经济如何助力这个城市营商环境的打造和建设？

2023年5月下旬，杭州市政府网站发布了优化营商环境专题文章《在营商环境群"城"逐鹿人 杭州如何凭"数字"跑在前？》，分析了数字如何赋能杭州营商环境的优化。

文章介绍，建设国际一流营商环境一直是杭州的重点发力方向，并且杭州在营商环境打造方面也是公认的"优等生"，比如杭州在全国工商联"万家民企评营商环境"调查中连续四年居全国第一，当下不少国内城市亦将杭州作为公开"对标"榜样。

利用数字经济红利，杭州期待走出一条数智"赢"商之路。问题是，如何做到？

首先，坚持"应减尽减、能减尽减"，推动系统平台集成、数据信息共享、做优信用体系，推动"数据跑"代替"企业跑"，实现企业办事更为简便、智能。

文章说，数字助力市场主体的全过程减负，让市场主体"轻装上阵"。

杭州某建材企业负责人向媒体介绍，该企业用了 10 分钟就申请到 10 万元贷款，"这是以前没有想过的"。在以前，线上线下要提供银行流水、营业执照，要提供一批申请表格，还要跑银行和税务等部门。2022 年以后，这些烦琐的操作成为过去式，因为从 2022 年起，杭州在企业贷款方面启用电子营业执照和电子签章，企业能够在线获得融资的便利。而"电子证照、电子签章"应用改革试点，只是杭州聚焦市场主体关切启动企业办事"一照通办"改革的措施之一。

让市场主体"轻装上阵"是杭州营商环境优化提升的重要方向。

以企业办事"一照通办"为例，杭州强化数字赋能，推行容缺受理、告知承诺制、电子证明、电子营业执照等方式，率先在全国实现了 21 个部门的 251 项企业办事项目凭营业执照"一照通办"。截至 2023 年 3 月，共计减少企业申报材料 753 件，精简率达 41.6%，其中 681 件材料无需申请人提交。

同时，杭州还推出企业年报"多报合一"，企业无违法违规"一纸证明"等创新实践。

企业年报"多报合一"即通过梳理年报事项、统筹年报时间、共用年报平台、共享重复信息等举措，推动实现市场监管、税务、社保、海关等事项年度报告"多报合一"，使每家企业少填报年度重复数据 62 项。目前，杭州市有 40 余万家企业享受到"多报合一"改革便利。

企业无违法违规"一纸证明"则是通过共享市场监管、消防安全、医疗保障等 15 个领域的监管信息，实现企业在线"一键"申请即可生成企业信用报告，从近 2 个月的平均办理时间优化为"秒开具"。

其次，杭州以数字实现全流程优化，"加码提速"项目落地。即坚持"项目为王",按照"一阶段一件事"原则,协同相关业务、优化审批流程,让服务更贴心、项目审批更快捷。

一是创新"一码管地"。杭州运用"土地码",整合土地出让、规划审批、竣工验收、不动产登记等业务链条,形成"赋码上云、按码供地、码上服务、见码发证"的数字治理新模式,实现工业项目不动产权证发证"零材料、零等待、零跑次"。2023年3月,杭州新增和存量工业用地已全部实现100%赋"码"管理,在"一地一码"平台上,所有工业用地项目情况一目了然。

二是深化"用地清单制"。杭州在全市全面推行区域环境影响、水土保持、压覆矿产、考古调查勘探等评估普查前置,土地储备机构对照"用地清单"验收把关,实现企业拿地后注意事项"一单清"。

三是优化"分阶段"施工许可。杭州实施施工图分类审查改革,持续优化施工许可办理流程,将施工许可细分为基坑围护、主体工程底板及以下、主体工程底板以上、专项工程四阶段,将项目桩基进场时间提前,有效降低企业投资成本。在杭州滨江区开工的德施曼智能家居安防产业基地项目,从摘牌到开工仅用了15天时间,这种"提速"是源于杭州当下实施的"分阶段施工"许可举措。

四是推进工业项目"联合验收"。杭州将规划核实、用地复合验收、消防验收(备案)等7个事项纳入工业项目联合验收环节,企业只需将相关材料上传至"亲清在线"平台,待有关部门协同审批后,即可实现3个工作日办结。

最后,杭州以数字助力全要素保障,为企业提供创新创业"阳光雨露"。

杭州坚守"我负责阳光雨露,你负责茁壮成长"理念,通过深化要素市场化配置改革,创新人才、技术、资金、数据等资源要素配置方式和管理机制,全力做好生产要素全链条供给。

在这个过程中,杭州充分利用数字技术,实现营商环境的精准优化。

比如，迭代升级"杭州人才码"。通过数字技术，杭州了实现人才办事"一站入口"、双创"一帮到底"、生活"一码畅享"、服务"一呼百应"。截至2022年底，已有100余万名人才领码；"杭州人才码"提供服务1000余万人次，涵盖创新创业、出行、文旅、就医等各类需求。

同时，杭州深化知识产权全链条集成改革。即依托杭州知识产权运营公共服务平台，集成专利信息服务、快速专利预审、知识产权综合保护等场景应用，有效破解知识产权事权散、链条长、门类多的问题，并成功推出全国首单基于区块链的数据知识产权质押。杭州还建成中国（杭州）知识产权保护中心，高端装备制造发明专利平均授权周期从22个月缩短到3个月。

在金融创新方面，杭州开发上线"杭州e融"金融综合服务平台，发布了396款面向中小微企业的专属融资产品，并创新推出"定向需求发布，指定银行直接受理""公开需求发布，多家银行抢单"及智能撮合等模式，累计撮合10万笔、2830亿元。

公共数据的开放也在这个美丽的幸福城市有序推进。杭州从制度设计出发，陆续出台《杭州市有序开放公共管理和服务机构产生的部分公共数据实施方案》《杭州市公共数据开放管理暂行办法》《杭州市公共数据开放综合评价指标》等文件。截至2023年3月，杭州已累计开放数据达51亿条，数据集文件下载量超1300万次。

以上种种皆指向杭州幸福"赢"商的奇妙故事：一方面，不断优化的营商环境造就了"全国数字经济第一城"；另一方面，杭州发挥自身的数字经济优势，让"数字"撬动最优营商环境新建设。二者互为助力，彼此成就。

## 形成可复制可推广的 "杭州经验"

2023年8月21日召开的杭州市政府常务会议审议了《全力打造营商环

境最优市　赋能经济高质量发展的实施意见》，提出要聚焦企业全生命周期的 10 个重点领域，进一步分解任务、明确职责，确保政策举措落地落实落细，力求务实管用、直达快享，而且要以企业满意度为"标尺"，把市场感知度和企业满意度作为检验各项工作的标准，确保企业"找得到、看得懂、用得上"。

在这次会议上，杭州再次强调要形成可复制可推广的制度创新"杭州经验"，持续推动杭州营商环境建设走在全国前列。

为全国贡献杭州力量、提供杭州经验，并非杭州的"一厢情愿"。2021 年 9 月，国务院部署在全国 6 个城市开展营商环境创新试点，支持地方深化改革先行先试、更大力度利企便民。杭州是其中之一。

选中杭州，也得益于杭州在营商环境建设方面的努力。数据显示，2022 年，杭州市在册市场主体总量 166 万户，增长 9.7%；41 家企业入选"2022 中国民营企业 500 强"，比上一年增加了 5 家，上榜企业数连续 20 年蝉联全国第一。2018—2022 年，杭州连续 5 年在全国工商联"万家民营企业评营商环境"调查中列全国城市首位，并获评"营商环境最佳口碑城市"。

作为营商环境创新的 6 个试点城市，杭州由此进入深水区改革突破阶段。按照《国务院关于开展营商环境创新试点工作的意见》，杭州于 2022 年 2 月出台《杭州市国家营商环境创新试点实施方案》（以下简称《实施方案》），以及暂时调整适用的 3 部省级法规。

《实施方案》共推出 153 项改革事项，涵盖了国家明确的 101 项和杭州特色的 52 项，并提出了试点目标：经过三至五年的创新试点，杭州市营商环境竞争力跃居全球前列、全国领先，率先建成市场化、法治化、国际化的一流营商环境，加快形成一系列可复制可推广的制度创新成果，为国家营商环境建设作出重要示范，提供杭州经验。

2023 年伊始，实现营商环境优化提升被列为浙江省"一号改革工程"，定位高，力度大，对杭州来说，更是紧迫的新要求。

2023 年 5 月，杭州召开全市营商环境优化提升"一号改革工程"大会。会上，杭州市委强调了杭州营商环境打造的目标——锚定"一直被追赶、无人能超越"的最高标准，全力全面打造效率最高、服务最优、保障最强、氛围最浓、满意度最好的营商环境最优市。

杭州强调，要高标准高质量推进，全力全面打造营商环境最优市。具体体现在五个方面的"走在前、求突破"。

一要在构建增值式政务服务体系上"走在前、求突破"，强化系统集成、数字赋能、全生命周期服务，助力企业降低成本、增加收益、强化功能，赋能企业发展。

二要在优化提升法治环境上"走在前、求突破"，建立支持和促进市场主体创业创新的法规制度体系，完善包容审慎的新型监管机制，构建高效便捷的涉企诉讼服务体系，深化城市信用体系建设，健全知识产权保护体系，让市场主体放心投资、安心经营、专心创业。

三要在推进制度型开放上"走在前、求突破"，建立健全吸引外资新机制，积极探索数字贸易规则，进一步融入全球产业链、供应链、价值链、创新链体系。

四要在打造特色优势产业生态上"走在前、求突破"，加快建设现代化基础设施体系，着力破解要素保障瓶颈制约，做强做优科技创新生态，创新完善产业政策体系，打造一流产业生态系统。

五要在培优文化环境上"走在前、求突破"，大力弘扬新时代杭商精神，加快发展创新创业文化，着力构建亲清政商关系，在从外在激励到内生驱动的全面升级上快人一步、高人一筹。

杭州提供的材料总结了 2023 年上半年杭州改革攻坚的表现，指出"今年以来，在各地各部门共同努力下，16 项重大改革攻坚、营商环境优化提升'一号改革工程'25 项专项行动扎实推进，实现'时间过半、任务过半'，继续发挥基层首创精神，发现、总结、提炼改革攻坚的好思路、好做法、好经验，涌现出一批辨识度高、实战实效、市场有感的改革成果"。

其中，在着力建设营商环境最优市方面，"杭州瞄准最高标准、最优标杆，对标各项指标体系，以实战实效、市场有感为导向，在政务环境、法治环境、市场环境、经济生态环境、人文环境等方面，统筹推进省市 25 项专项行动、301 项年度工作要点、65 项重点事项，各项工作总体进展顺利，走在前列。"

材料显示，2023 年上半年，杭州在为企业降本增效、赋能企业发展方面进行了诸多探索。

比如，针对为企服务法人事项需求大、门槛高、流程多、时效强的特点，杭州公安开创了"一窗办""一网办""一次办"为企政务服务改革新格局。这种从企业"需求侧"出发，从公安"供给侧"入手的新做法，培育了"增值服务"的创新生态，将公安"放管服"改革向超预期、超范围、超时间推进，赢得了"便民惠企"的良好口碑。截至 2023 年 8 月，这项措施已为杭州企业提供"一窗办"服务 40.3 万余次、"一网办"服务 2695.3 万余次，其中"一次办"事项占比达到 65%。

杭州临平区聚焦政策兑付慢、办事多头跑、资源对接难、诉求解决难等痛点难点，打造了线上线下融合的"企业之家"。在线下成立实体机构企业服务中心，线上则打造"一中心、三平台、八模块"的数字化服务平台，由此加快实现企业"只进一扇门、办成所有事"，推动了政务服务从便捷化向增值化升级。

钱塘区则提供了另一个创新案例。该区围绕浙江省生命健康科创高地主平台、杭州市生物医药产业链长制核心区建设，聚焦生物医药产业特点，以政务服务增值化改革为牵引，探索出了一条创新链、人才链、产业链、政策链、金融链、服务链"六链融合"的产业发展新路子，由此构筑形成了产业生态强磁场。

优化提升法治环境一直是杭州营商环境优化的一个重要抓手，这也符合全球营商环境的最新要求。2023 年世界银行发布的营商环境新指标体系，凸显了法治内涵的支柱性地位。比如，在该指标体系中，有 10 项具体指标涉及企业的设立、经营、重整、关闭等全生命周期的不同环节。

2023 年 7 月 26 日，杭州法院发布了《杭州法院推进法治化营商环境建设专项举措 5.0 版》。在 20 条专项举措中，市场化解纷新机制值得关注。"这项市场化解纷机制，突破现有单一公益调解模式，引入律师、民间非政府组织等专业力量，通过收取一定费用的方式，为涉企、涉外纠纷提供专业高效解纷服务。这种机制不仅更快更好，帮助减少诉讼成本，更是一下子激发了专业调解组织的活力。"

数据显示，该机制试点推进两年来，市场化调解组织累计收案 11.5 万余件，调解成功 3.9 万余件，共帮助企业节省诉讼费、律师费等 1.2 亿元。

这项新机制，全名是"建立公益性与市场化调解并行的调解机制"，如今已写入《杭州市优化营商环境条例》。

2023 年 7 月 1 日，《杭州市优化营商环境条例》（以下简称《条例》）正式实施，标志着杭州营商环境建设全面进入了更高水平的法治化的轨道，为杭州加快打造营商环境最优市提供了坚实保障。

杭州近年来先后推进实施了 6 轮共 700 余项改革，其中实践证明有效、市场主体认可、适合以立法形式体现的重点经验和做法，经归纳总结后纳入《条例》予以固化和体现，使之成为具有约束力的制度规范。杭州市发改委相关负责人也表示，《条例》以打造市场化、法治化、国际化营商环境为目标，对市场环境、政务服务、创业创新支持、监管执法、法治保障等方面进行了规范。

比如，为营造更优市场环境，《条例》围绕破解市场主体生产经营活动中可能遇到的痛点、难点、堵点问题，在企业全生命周期中的市场准入、商事登记、自主迁移、公平竞争、跨境贸易、公共资源交易、金融支持、中介服务和市场退出等环节进行了规定。

实际上，在打造国际化的营商环境方面，杭州立足法治创新，进行了积极探索。

2023 年 3 月 15 日，杭州挂牌成立国际商事法庭。这意味着，杭州成为我国除北京之外，同时拥有互联网法院和知识产权、破产、国际商事三大"国字号"专业法庭的城市。

杭州国际商事法庭的工作人员接受新华社记者采访时表示，挂牌成立以来，国际商事法庭积极探索推出多项司法举措，服务保障杭州数字自由贸易试验区高质量发展，营造一流的国际化营商环境。

《新华每日电讯》在 2023 年 8 月推出一篇报道中介绍了杭州如何利用"三庭一院"（杭州知识产权法庭、杭州破产法庭、杭州国际商事法庭和杭州互联网法院），织密营商环境法治保护网。

无论是记者的实地探访，还是杭州发布的政策文件，都指向同一个"发现"：杭州正以数字技术为推手，打造"保障最强"的营商环境最优市。

以杭州国际商事法庭为例，该法庭同步上线了"数智国商"系统，用"门户网站＋应用"模式，实现了诉讼、仲裁、调解多跨场景集成应用。据工作人员介绍，"数智国商"系统经过一段时间的运行初显成效，与浙江法院网外网对接，当事人可以通过系统搭载的网上立案功能在线立案并进入后续诉讼。"数智国商"系统还提供专业性强的国际商事多元解纷渠道。

杭州的探索、创新在继续，杭州全力全面打造效率最高、服务最优、保障最强、氛围最浓、满意度最好的营商环境最优市的步伐在加速。杭州知道，在城市营商环境的持续建设中，没有最好，只有更好。

## 杭州企业
## 有话说 ▶

**每日互动股份有限公司负责人：**

**杭州为大数据企业创造了更多的发展机会**

我在浙大读书并在杭州创业，作为大学生创业者，我在很大程度上受益于杭州鼓励创新创业的氛围和配套的政策，一路上也见证了杭州如何成功打造完善的创新创业生态。杭州市政府一直以来非常重视民营企业的发展，给我们企业提供了非常有力的政策支持，营造了非常好的营商环境。这几年，杭州的营商环境还在持续地优化提升，经济也越来越有活力，给我们杭商增强了信心。2022年11月，全国工商联发布《2022年万家民营企业评营商环境主要结论》，杭州在营商环境城市排名中连续4年蝉联全国第一。希望杭州能够在政策的稳定性、持续性上不断"加码"。相信杭州会越来越好。

近年来，杭州大力发展数字经济，很好地培育了大数据相关产业，也为我们大数据企业创造了更多的发展机会。在这样的营商环境中，每日互动作为数据智能企业，持续加强自身业务发展、优化产业布局，深度参与数据要素市场建设。一方面，公司不断推动数据智能与各垂直领域相结合，探索数据要素流通的落地点；另一方面，公司深度参与数据安全行业基础设施建设，为数据要素的安全高效流通保驾护航，争取为浙江省推进数字化改革、打造数字经济"一号工程"升级版不断贡献力量。

（内容摘自《杭州日报》，有删节。）

### 华立集团股份有限公司负责人：
### 营商环境比要素成本更重要

浙江经济发达，虽然要素成本优势不再，但从企业多年发展的经验来看，营商环境比要素成本更重要。

20世纪90年代，因为市场壁垒、要素成本的原因，华立开始实施跨地区发展，但二三十年发展下来发现，要素成本只是企业经营发展中的一个内容。

（内容摘自《浙江日报》，有删节。）

### 杭州紫来测控技术有限公司合伙人：
### 杭州的创新如果能复制到全省，将能帮助更多的企业

2022年初，公司通过数据知识产权质押拿到银行200万元授信，缓解了采购生产物料的压力。在营商环境创新试点改革中，为更好地帮助科技型中小企业融资，杭州探索出了基于区块链数据知识产权质押这条新路。即通过一种可靠的方式，能够让数据变现，增加融资渠道。杭州的创新如果能复制到全省，将能帮助更多的企业。

（内容摘自《浙江日报》，有删节。）

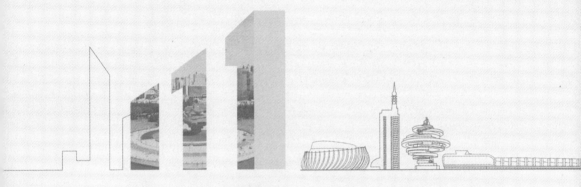

# 11

# 青

# 岛

以更优质的营商环境开辟千帆竞发的活力前景

# 以营商之名，更快更高更强

作为我国历史上首次举办奥运会海上比赛的城市，青岛人享受了这座城市带来的奥运遗产，比如青岛奥林匹克帆船中心，这个大家习惯称为"青岛奥帆中心"的建筑已是青岛著名的城市地标，由此处沿着海岸线铺开的休闲生活圈，也早已成为青岛风情的一部分。

青岛充分利用奥运遗产，持续打造"帆船之都"城市品牌，已完成从"奥帆城市"到中国乃至亚洲帆船运动领军城市的美丽蝶变。2022年5月，世界奥林匹克城市联盟二十周年庆活动通过了《奥林匹克城市健康与体育运动承诺书》，青岛市作为联盟成员签署了该承诺书，明确了"体育强市"的具体实践——打造"体育与活力城市"，使城市发展更具可持续性和前瞻性。

比物质遗产影响更深远、对青岛意义更重大的，是奥运会的精神遗产，这个城市用实际行动诠释着奥林匹克精神的"更快、更高、更强"，绘制城市让生活更美好的幸福蓝图。

近年来，青岛同样用"更快、更高、更强"的奥运精神优化城市营商环境。在青岛看来，城市经济的高质量发展很大程度取决于良好的营商环境，换句话说，拥有市场经济体培育或生长的沃土。

进入2023年，打造一流营商环境成为青岛更醒目的行为指南。

2023年初，青岛市委、市政府召开全市"作风能力提升年"活动总结暨

"深化作风能力优化营商环境"专项行动动员大会，对开展"深化作风能力优化营商环境"专项行动进行安排部署，提出以市场主体需求为导向，以深化作风能力为抓手，以招商引资质量和市场主体满意度为检验，深入开展优化政策环境、优化服务环境、优化要素环境、优化市场环境、优化法治环境、优化人文环境"六大专项提升行动"，努力实现营商环境、作风能力、发展质量等"三个大提升"。

为此，青岛构建了"1＋4＋10＋N"整体推进体系，并抽调骨干力量组建专项行动指挥部办公室、工作推进专班和巡回督导组，明确了职责任务，抓实重点工作。青岛也明确了时间节点，提出"深化作风能力优化营商环境"专项行动从 2023 年 3 月开始持续到年底结束，要分学习动员、查摆问题、整治整改、擂台比武、督导考核、建章立制 6 个阶段，层层推进，步步为"营"。

行动就有结果，何况是目标锚定、步步为"营"的强力推进。青岛市市场监管局公布的数据显示，2023 年上半年，青岛新增市场主体 14.3 万户，同比增长 5.92%；实有市场主体 20.9 万户，同比增长 4.52%。

2023 年青岛半年报的数据，展示了方向的正确、行动的有效，同时传递出更积极的信号：青岛，正以"营商"之名千帆竞发，实现更快更高更强的城市发展。

## 更快的速度，更快的诚意

2023 年 8 月 16 日上午 10 点 15 分，"青岛市行政审批领域优化营商环境深化政务服务改革典型案例"新闻发布会拉开帷幕，共有五位市区相关领导干部直面媒体，对青岛优化营商环境和行政审批服务工作进行相关说明。

实际上，这已是自 2023 年 4 月以来，青岛举行的第 20 个"优化营商环

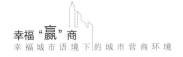

境"主题新闻发布会。

青岛本地媒体几乎报道了每一场发布会的要点，并在 2023 年 6 月 12 日刊发了一篇文章，回顾并总结了过去几个月的密集发布，称"优化营商环境"主题新闻发布会的密集召开，从一个侧面反映了青岛优化营商环境的力度和诚意。

青岛提供的材料显示，20 场"优化营商环境"主题新闻发布会，几乎都围绕企业关心的重点领域展开。

比如在要素保障方面，按照"深化作风能力优化营商环境"专项行动要求，坚持要素跟着项目走，大力提升全要素供给能力，坚决打通各种堵点难点，为优质项目开辟绿色通道，畅通保障渠道，提高配置效率。同时，重点查找整治保障重点项目落地中土地供给、工程建设、制度性交易成本等方面的"中梗阻"，服务企业发展中帮助争取各类资源要素不主动不及时等问题，切实打造保障有力的要素环境。

在数据要素方面，青岛打造"全市公共数据运营一个平台"，在安全合规基础上开展公共数据运营，引导社会主体开放和运营自有数据，实现公共数据和社会数据的有序流通与融合应用。2023 年 4 月，青岛首个数据要素产业园揭牌并投入运营。

此外，青岛还围绕土地要素保障，深入推进"标准地"改革，持续进行重点低效片区（园区）开发建设，腾挪土地超过 5 万亩；围绕减税降费，市财税部门积极落实落细各类税费优惠政策，2023 年上半年新增减税降费及退税缓费 161 亿元；围绕人才保障，实施"人才强青"计划，优化人才"引育留"政策体系，不断破除阻碍劳动力、人才等各类要素自主有序流动的体制机制障碍……

材料同样显示，在"优化营商环境"主题新闻发布会上，频繁出现的一个词是"助企"，越来越多的"助企"措施和阶段性成果出现在发布的信息中，比如 2023 年第一季度青岛新增减税降费约 56.55 亿元。

还比如，青岛通过设立容缺受理、延时服务等全天候审批制度，上线"青岛投资项目在线审批监管平台"，有效降低了市场准入门槛和所需成本，从而实现企业投资项目备案手续全程网办、1 个工作日办结等目标。

截至 2023 年 6 月 12 日，青岛争取并发行专项债额度达到 319 亿元，安排项目 238 个、开工 237 个，开工率 99%；在政策性开发性金融工具方面，争取签约项目 45 个，投放基金 114.9 亿元，为市场主体提供了资金支撑……

青岛以助企之名，优化营商环境，推动不同的资源要素在市场主体之间自由流通，让更多市场主体全力以赴谋发展，跑出更快的速度。

青岛市统计局发布的数据显示，2023 年 1—7 月，全市规模以上工业增加值同比增长 4.6%。35 个大类行业中，有 21 个行业同比有增长，增长面为 60.0%。其中，计算机、通信和其他电子设备制造业，铁路、船舶、航空航天和其他运输设备制造业，化学原料和化学制品制造业保持较快增长，增速分别为 21.4%、16.4% 和 15.4%。

2023 年上半年青岛全市规模以上服务业行业增长面也总体稳定，10 个门类行业中有 8 个门类行业营业收入实现增长。其中，信息传输、软件和信息技术服务业同比增长 20.4%，文化、体育和娱乐业增长 21.2%，教育增长 16.0%，科学研究和技术服务业增长 13.0%，租赁和商务服务业增长 8.6%……

在固定资产投资方面，青岛 2023 年上半年同比增长 4.7%。全市在建项目 5790 个，较上年同期增加 56 个。

## 更好的政策，更好的服务

作为国内首个双品牌酒店项目，青岛钓鱼台酒店和青岛美高梅酒店自

2023 年 6 月 25 日起正式投入运营。青岛由此增加了一个新的城市打卡地。

在开业前百日倒计时的节点，酒店运营方陷入困境：58 项审批事项，怎么来得及完成？青岛崂山区获悉情况后，当即确定由崂山区行政审批服务局牵头，联合相关部门一起为项目提供专业定制化服务，全力提供支持。

也就是说，青岛钓鱼台美高梅酒店项目主体建筑完工后，项目方于 2 月 27 日提出审批需求，5 月 31 日即办完开业运营所需审批手续，仅用 3 个月时间，这比国内其他城市的审批时间短了半年以上，刷新国内同类型酒店开业审批效率纪录。优化行政审批服务的"崂山做法"赢得了企业的高度赞誉。

基于此次审批实践，崂山区推出了"一张点菜单•全程帮代办"服务品牌。

据崂山区行政审批局负责人介绍，在服务青岛钓鱼台美高梅酒店的审批实践中，崂山区将改革领域从单一的建设审批领域向两端拓展，延伸至重点项目落地全生命周期，创新推出"1＋1＋N"菜单式审批模式，即集成"商事登记审批模块、建设项目审批模块以及个性化定制的 N 个类别审批模块"，通过菜单集成、顶格协调、多元联动、一线服务"四项机制"，实现了政企同频共振。

同时，组成最强团队，将路径缩到最短。比如，创建"一个项目、一个团队、一抓到底"的工作模式，区主要领导担任"指挥长"，亲自部署推动；分管领导担任"副指挥长"，统筹推进；部门负责同志担任"施工队长"，一线解决问题。

该案例同样显示出多元联动实现最强协同的方法论。比如，充分发挥金牌团队牵头作用，建立"日调度、周通报"工作机制，以动态调整、挂图作战的方式对审批事项进行逐一销号管理，协同项目方和审批部门集中攻坚、逐一破解痛点堵点和"卡脖子"问题，并通过部门联动协同，实现不同审批事项的压茬推进和无缝衔接。

实际上，青岛优化营商环境的行动，也是多部门联动，从而形成更强合力的实践。

比如，城市管理方面，青岛以六大行动加强政策供给、推动信息公开，在水电、供热、物业、行政执法等领域进行提升，打造"四季如春"的城市环境。

比如，青岛城市水务部门开展三大行动，落实水务系统 20 条措施，并对公益性非营利项目、保障性安居工程等 7 类情形免征水土保持补偿费，从而持续保障水资源合理、及时供给。

再比如，为了保障交通运输，促进生产要素在城市间流通，出台《青岛市交通运输"深化作风能力优化营商环境"专项行动实施方案》，加强交通基础设施建设，将港航领域 15 项依申请政务服务事项市级权限下放，完善纠纷解决机制，为城市打造更通达的交通条件。

与此同时，青岛科技局、体育局、农业农村局等部门也针对行业内企业发展的痛点难点，以完善创新机制、举办体育消费活动等措施对企业进行帮扶，更精准、更有效地激发企业发展潜能。

这些行动有效降低了市场主体的经营成本。九层之台，起于累土，城市的营商环境需要全方位的保障，需要下足"绣花功夫"。青岛多部门协同发力，从细处入手，打造营商环境的"金字招牌"。

更强效率，也体现在服务机制上。例如，崂山区提出"一线工作法"，即一方面建立项目审批初期提前介入机制，了解项目需求，做实做深前期业务指导，让企业少走弯路；另一方面通过窗口前移、一线服务，开通"崂省事"流动审批服务车，将服务触角延伸至项目建设一线，打造"项目门口"的移动大厅。

一句话，企业需求在哪里，服务就跟进到哪里。

基于不同市场主体的政务服务需求，青岛也出现了相关的服务创新。比如青岛西海岸新区推出的"视频办"模式。

该模式以自主研发的"政务直办间"线下终端设备为依托，通过屏幕共享、文件互传、实时对话等功能，实现了线上申报"一对一、面对面、手把手"精准指导。具体创新做法体现在三个方面：一是以申请政务服务事项为主体，围绕企业开办、工程建设、社会事务等重点领域，梳理213项高频事项，实现"视频办"；同步建立清单动态调整机制，确保"入驻"事项能用、好用、常用。为丰富服务场景，融入"自助办"事项485项，涵盖社保、不动产、公积金等领域，实现了一站集约化办理。二是通过"线上审批员云入驻＋线下引导员帮代办"模式，集约现有服务资源，精准制定岗位职责、工作规范、服务流程，实现了全流程规范化操作，建立起部门协同、整体联动、线上线下融合的闭环服务机制。三是借助智慧社区、智慧街区项目，在新区八大功能区、23个镇街及149个社区等群众办事需求量大的密集场所布点运行，为申请人就近提供"帮办、代办、共办、转办"等多样化服务。

上述案例，都是2023年青岛"深化作风能力优化营商环境"专项行动开展以来出现的一批行之有效的经验和做法。

在行政审批创新方面，青岛聚焦"办事方便、法治公平、成本竞争力强、宜居宜业"四个方面，用心做好服务，探索形成"四个聚力"的组合拳。

一是聚力群众办事，努力让每一位办事群众体验感更好。青岛坚持从小切口破题，办好"惠民便民、可感可知"的"身边小事"。例如，将青岛市民中心管理委员会办公室搬至市民中心一楼，让工作人员"迎接群众来，目送群众走"。创新建立诉求解决闭环机制，开设"市民会客厅"，与"青诉即办"平台、"12345政务服务便民热线"平台建立联动机制，发起"意见建议动态清零行动"，全面收集办事群众意见建议。探索推出"志愿服务暖心办""延时服务全时办""特殊群体入户办"等一系列特色服务，提高群众办事的便利度和满意度。

二是聚力项目建设，努力让每一个重点项目落地开工速度更快。聚焦工程建设项目审批全过程，在审批流程上，推行施工许可"分阶段灵活办""全链条审批告知承诺制"、工业项目"用地一件事"、建设项目"图纸一件事"、定制化联合验收等举措。在服务方式上，统筹市区两级资源，强化市区联动、部门协同，从市区两级行政审批服务系统挑选 60 余名业务骨干，组建青岛市重大项目审批服务"金牌团队"，为青岛市省市重点实施类项目、重大城市更新和城市建设项目、重大招商引资项目以及市办实事项目提供全链条审批服务。截至 2023 年 8 月，423 个省市重点实施类项目中，已有 382 个办理施工许可，完成率达 90.31%。

三是聚力企业发展，努力让每一类经营主体满意度更高。以"协同思维"画好服务企业同心圆，在全市推出经营者变更、跨区迁移服务，变"最少跑四次"为"最多跑一次"。建成全国首个航运企业集成化审批服务平台，实现涉海类 12 个许可事项的集中办理。会同相关部门加强工作协同，建立海洋经济活动商事主体"智能标签"新机制，实现登记即认、实时共享。推出集成服务与政策兑现一链办理，精准匹配惠企政策 122 项。在全省率先推行医护注册智慧化改革，探索形成卫生健康领域"数字审管"新模式。完善市场主体退出闭环管理机制，破解企业退出难题。截至 2023 年 8 月，全市企业登记注册办结 43.5 万件，企业开办全程电子化率 90.37%，位列山东省第一。

四是聚力资源配置，努力让每一笔公共资源交易效能更优。通过建平台、强应用、优服务，持续降低企业制度性交易成本。扩大公共资源交易平台覆盖面，实现工程建设项目交易全流程电子化，预计年均为投标企业节约成本 6900 余万元。拓展电子营业执照在公共资源交易领域应用，在全省率先实现"一照通投"，破解长期以来数字证书（CA）跨区域互认难题，预计年均为交易主体节省 500 万元。深化保证金制度改革，大力推行电子保函，取消服务类、采购类交易项目投标保证金。开展建设工程招投标和政府采购项目的历史沉淀保证金核查清理工作，全市共清退历史沉淀保证金 3282.6 万元，涉及经营主体 379 家、项目 341 个。开发完善投标保证金自动缴退系统，持续降低制度性交易成本。截至 2023 年 8 月，全市公共资源进场交易项目 5391 个，同比增长 18.98%。

"更好的政策，更好的服务"，这是青岛幸福"赢"商的着力点之一。

## 更高的标准，更优的环境

法治是营造更优环境的基石之一。近年来，青岛树牢"法治是最好的营商环境"理念，创设机制、提供服务、加强执法，全面为企业护航。

在保护市场主体合法权益方面，青岛坚持精准服务，把依法平等保护各类市场主体产权和合法权益贯穿到立法、执法、司法等各个环节，让企业安心、放心，专注于创新创造。

比如，青岛市委政法委牵头制定《关于建立应对职业索赔职业举报协调机制指导意见》，依法规制职业索赔、恶意投诉举报等行为。市检察院建立涉税案件认罪认罚从宽办案机制，有效避免 54 家民营企业因案关停、近千名企业员工因案失业。该做法被国家发改委评为"地方支持民营企业改革发展典型做法"。

青岛牢固树立"保护知识产权就是保护创新"理念，围绕强化知识产权全链条保护，完善司法与行政一体化保护、社会组织协作交流等知识产权保护机制。2023 年上半年，共受理专利侵权纠纷案件 21 起，结案 24 起；组织开展 5 项知识产权保护执法行动，严厉打击"傍名牌"违法行为。

青岛还着眼安商惠企，创新了专业化、特色化服务模式，高水平打造法治服务品牌。比如，打造上合"法智谷"品牌，做优涉外法律服务。同时，引进国内知名律所、翻译、公证、鉴定、调解、仲裁等法律服务机构 56 家，建立全国首家涉外法律服务大数据共享平台，打造"一带一路"国际法务中心，助力企业大胆"走出去",打开国际市场,寻找全球商机。

又如,打造"法惠企航"品牌,探索形成了"制度为基、专业保障、平台支撑、多元开展"的惠企服务模式。截至 2023 年 8 月,共邀请专业法律机构参与制定惠企政策 24 项,组织 72 家律所的 529 名律师深入商协会、产业园区,开展政策和法律宣讲活动 4.7 万余次。

营商环境建设没有最优,只有更优,建设标准没有最高,只有更高,这是一个持续前行的过程。青岛对标"前行者",跟最好的比、向最好的学,咬定目标不放松,全力推进城市"赢"商的青岛实践。

## 青岛企业
## 有话说 ▶

### 海信家电集团副总裁:
### 站在企业角度,感受到"更强的信心"

海信是土生土长的青岛企业,前身是 1969 年成立的国营青岛无线电二厂,从生产半导体收音机开始,历经 54 年发展,现已发展为一家拥有海信视像、海信家电、三电控股、乾照光电四家上市公司,拥有海信(Hisense)、东芝电视(Toshiba TV)、容声、Gorenje、ASKO 等多个品牌的大型企业。

2022 年,海信全年营收 1849 亿元,利润总额 123 亿元,同比增长 21%。海外收入 757 亿元,自主品牌占比超过 83%。在以显示为核心的 B2C 产业,海信始终处在全球行业前列;在智慧交通、精准医疗和光通信等新动能 B2B 产业,海信也占据了全国乃至全球领先位置。家电板块与科技板块相得益彰,海信正在实现由"家电公司"向"高科技公司"的转型;连续赞助两届世界杯、三届欧洲杯等世界顶级赛事,海信品牌正在成为世界品牌。

海信的发展离不开青岛市委、市政府长期一贯的大力扶持。近年来，青岛锚定"走在前、开新局"，把优化提升营商环境摆在更加突出的位置来抓，将"招商引资质量和市场主体满意度"作为评判营商环境的主要标准，加快构建与国际通行规则相衔接的营商环境制度体系，相继出台了《青岛市营商环境优化提升行动方案》《青岛市营商环境优化提升三年行动规划（2022—2024年）》等文件。可以说，青岛正在成为市场化、法治化、国际化一流营商环境建设的城市典范。

站在企业角度，我们感受到的就是"更强的信心"。聚焦提升"招商引资质量和市场主体满意度"带来了产业链上下游企业对青岛的青睐。仅以海信冰箱为例，近3年有17家上游供应方在青岛投资建厂或扩产，是2014—2020年的3倍，极大地降低了公司的供应链成本，同时加大了产业链人才的富集程度，强力支持了公司的技术创新、业务革新。

加强与国际通行规则相衔接的营商环境制度体系建设，为企业出海业务提供了诸多保障。海信拥有斯洛文尼亚、南非、墨西哥等13个研发基地、18个海外生产基地、66个海外公司和办事处以及数以千计的海外供应商和客户，公司近40%的收入源于海外，在日本、英国、加拿大等众多海外市场居于头部地位。这离不开青岛市委、市政府在对外开放、国际贸易领域的政策支持和对企业国际化发展的长期引导。在2022年十大海运口岸营商环境测评中，青岛市位列全国第一，足见成绩。

海信诞生于青岛、成长于青岛、未来与青岛紧密相连，感谢青岛对企业发展的支持、对海信的支持。城企融合，共生共赢！

（内容源自"企业家幸福感营商对话暨制造业立市苏州论坛"，有删节。）

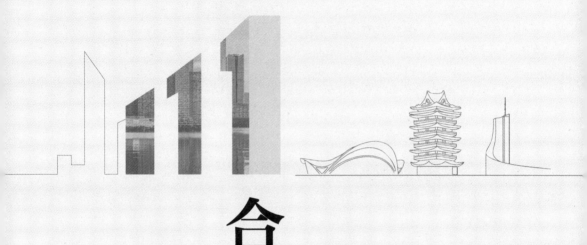

# 合肥

科技创新是合肥最大的标识、最大的动能、最大的潜力

# 凭什么"科里科气"

2023 年，李慧到合肥已经七年了。2016 年她从武汉大学毕业后，拿着博士学位文凭到了合肥，在这里就业、成家、定居。她如今供职于合肥新站高新技术产业开发区的合肥维信诺科技有限公司，是这家公司的开发经理。作为新型显示行业的一名资深开发人员，李慧见证了合肥新型显示产业的快速发展，对未来充满信心。她说她能感受到政府对她所在企业的定位，"尤其是对高新技术的牵引，是很强的"。

合肥市广播电视台在 2023 年 9 月 2 日的《说合肥》栏目中讲述了李慧的合肥故事，"李慧身边的很多同事，也和她一样，从外地来到合肥，在这里成家、立业，让这片沃土见证着他们与合肥的双向奔赴"。

除了李慧，这期节目还讲述了另外两个人的合肥情结，一个是建设合肥的新市民李杰，另一个是在合肥创业扎根的浙江人王小伟。后者是杭州人，2019 年来到合肥庐江，先后开发建设了多个乡村旅游项目，他说这与合肥优质的营商环境分不开。

李慧、李杰、王小伟……他们只是合肥千万人口大海里的几颗小水滴。近年来，合肥人口一直保持着净流入和净增长的趋势。数据显示，截至 2023 年 7 月底，合肥实有人口 1234.4 万人，其中户籍人口 805.3 万人，流动人口 429.1 万人。据这期节目介绍，十几年来，随着城市的快速发展，合肥人口一直保持着净流入和净增长的趋势。流入合肥的人口中，既有引领各行各业前行的创新创业人才，也有支撑产业体系发展壮大的方方面面的劳动者。

中国连锁经营协会发布的 2023 年的"中国城市便利店发展指数"显示，合肥便利店数量增长率达到 11.76%，在参与调查的城市中排名第一。这意味着合肥有两个趋势：人越来越多，人均 GDP 越来越高。

已有的数据印证了这两个趋势。

近 5 年，合肥常住人口总量跃居长三角城市群第五位，增量居第二位。合肥人口的净流入和净增长实际上是这个城市近年快速发展的一个结果。2020年，合肥全市生产总值首次突破万亿元大关，跻身"万亿俱乐部"；2021 年，合肥生产总值再上 1 个千亿元台阶，达到 1.14 万亿元；2022 年，合肥生产总值为 1.20 万亿元，同比增长 3.5%。

不仅如此，在长三角"万亿俱乐部"中，合肥的年均增速近年均居于榜首，经济总量 5 年连跨 5 个千亿元台阶。2023 年上半年，合肥全市生产总值为 5841.8 亿元，同比增长 6.1%，其经济总量排名由全国城市第 25 位前移至第 19 位，增量 411 亿元，在"万亿俱乐部"的 8 个城市中居首位。

更难得的是，近年来合肥科创立市的战略得到了积极的"反馈"。2022 年，合肥战略性新兴产业占规上工业比重达 56.2%，对全市工业增长贡献率达 78%。

2021 年 6 月，合肥市委领导做客中央电视台《对话》栏目特别节目，用"科里科气"一词来形容合肥的城市特质，"科技创新是合肥最大的标识、最大的动能、最大的潜力"。从此，"科里科气"成为合肥的鲜明"标签"。

## 让创新融入城市血脉

"科里科气"，合肥有资格这么说。

据《人民政协报》2023 年 8 月的报道，合肥平均每天就要诞生 5 家高新技术企业。不仅如此,合肥大力培育发展战略性新兴产业的举措已经连续5年获国务院督查激励。

近年来,悟空探秘、墨子传信、热核聚变、九章计算、本源司南、祖冲之号等重大科技成果在合肥先后诞生,国家深空探测实验室、江淮前沿技术协同创新中心在合肥落户,全国首个国际先进技术应用推进中心组建运行,"科大硅谷"启动建设,已有、在建和预研大科学装置10余个……

2022年,合肥跃居全球"科技集群"第55位,较2021年提升18位。这意味着合肥已成为具有国际影响力的创新型城市。与此同时,一批战略性新兴产业在合肥加速积聚、发展壮大,"芯屏汽合""急终生智"成为现象级产业地标,成为合肥创新驱动发展的主引擎、转型升级的主抓手、高质量发展的主动力。

重大原始创新成果捷报频传、重大科技项目竞相落地、战略性新兴产业加速聚集……合肥这些"科里科气"的硬核成果,很大程度源自这个城市鲜明的特色——创新。正如当地媒体所说,因为创新,合肥塑造出"科里科气"的城市气质。

创新已成为这个城市的基因。在中国最具幸福感城市课题组开展的"企业家眼中的幸福城市"调研中,专家组发现,合肥的创新环境成为企业最大的吸引力。

合肥维信诺科技有限公司是合肥新型显示产业的龙头,该公司的一名高级管理人员说,合肥创新能力很强,政府支持力度很大。

合肥,如何让创新融入城市血脉?

科教一直是合肥引以为傲的资本。合肥坐拥中国科学技术大学、中国科学院合肥分院以及中电集团第三十八研究所、第十六研究所、第四十三研究所等知名高校和科研院所,是除北京之外国家大科学工程布局最多的城市。

然而,不知如何利用科教资源,曾经在较长时间里成为合肥发展中的痼疾。合肥市委政研室"科技创新型试点市建设研究"课题组曾经举过一个案例，"中国科学院合肥物质科学研究院承担的270多个项目中，本地项目所占比例不到1%。科研成果本地转化率低，如中国科学技术大学'九五'期间转化的630多项科研成果中，75%是在省外转化"。

类似遗憾在合肥已不复存在。近年来，合肥的科研尖兵不断聚集，打造出一个个创新高地。

比如，2017年，被称为"科教航母"的"综合性国家科学中心"获批，开启了合肥的全域联动。聚焦能源、信息、生命、环境四大领域，合肥持续加快建设大科学装置、高级别实验室、新型研发机构、交叉前沿研究平台、产业创新转化平台等一系列科技基础设施。

数据显示，五年来合肥新布局建设大科学装置6个，新组建新型研发机构31个，全社会研发投入占全市地区生产总值（GDP）的比重由2.98%提高到3.52%，跃居省会城市第3位，国家高新技术企业由2110家增至6412家，发明专利年均增长26%，技术合同交易额年均增长17%，创新实力跃居全球"科研城市"第16位、前进11位。

2022年6月，《"科大硅谷"建设实施方案》出台，这意味着合肥创新资源的加速集聚又向前迈出一大步。该方案提出，以中国科学技术大学等高校院所的全球校友为纽带，汇聚世界创新力量，在合肥先期规划建设"一核两园一镇"功能承载区。目标是到2025年，"科大硅谷"汇聚中国科学技术大学和国内外高校院所校友等各类优秀人才超10万名，集聚科技型企业、新型研发机构、科创服务机构等超1万家，培育高新技术企业1000家，培育上市公司和独角兽企业50家以上。

2023年8月17日，在巢湖畔的安徽创新馆，和高温一起涌动的，是创新馆的人流。这个汇聚了近2000件高精尖科技成果的场馆，成为青少年围观"大国重器"的"顶流"地标。据安徽科技大市场建设运营公司负责人介绍，2020—2023 年，该馆的展品从 1400 件增加到 2000 余件，每年的参观规模从 12 万人次增加到 45 万人次，科技成果转化活动从每年的 68 场增加到 2023 年的 350 场，累计发布的科技成果也从 300 余项增加到 3000 余项。

该馆成功探索出国内首创的展示转化交易一体化服务模式，打造了"政产学研用金"六位一体、线上线下融合的安徽科技大市场。有记者记录了 2022 年 7 月 2 日在这里举行的一场重点产业关键核心技术需求发布活动："现场，创新企业负责人、高校院所专家学者'坐'在了一起，企业将自身的技术需求'摆上桌面'寻求合作，高校院所的技术成果也在这里找到应用场景，'落地成金'。当天，覆盖了新型显示、集成电路、人工智能、新能源暨智能网联汽车等 11 个重点产业领域的 325 项企业关键核心技术需求集中发布，发榜总金额高达 7.98 亿元。"

在合肥，这样的成果交易转化，嫁接技术"供需双方"的活动已经常态化。不仅如此，合肥还组建科技成果转化专班，常态化深入本地重点高校院所，开展科技成果项目发现、挖掘、策划、转化和服务工作。截至 2022 年，合肥与大院大所大学共建了 32 家新型研发机构，有针对性地给成果转化提供从资金到市场等的全方位服务。

与此同时，合肥出台了若干科技成果转化专项扶持政策，持续进行投入与提供支持。数据显示，2012—2021 年，合肥市财政科技投入占一般公共预算支出的比重由 4% 增长到 14.2%。2019—2022 年，合肥的财政科技支出累计为 467.7 亿元，占同期全市财政总支出的 13.3%，占比在全国主要城市中领先。

2022 年 5 月，合肥市人才发展集团成立，全年新招引高校毕业生超过 30 万人，新增高技能人才 5.5 万人。截至 2022 年，在合肥服务的院士达到 138 人，高层次人才 1.4 万多人，大学生超过 20 万人……合肥正努力实现人才招引从"抢过来"变为"抢着来"。

人才链、产业链、创新链、资金链的深度融合，探索出合肥"科创立市"的新路径。截至 2023 年，合肥已形成以"芯屏汽合"（集成电路、现代显示、新能源汽车、人工智能赋能制造业融合发展四个产业）等为"地标"的战略性新兴产业格局，在全国先进制造业百强市中居第 11 位。

## 政策赋能，机制创新

作为合肥发展的最大标识，"创新"同样体现在这个城市的机制创新上。

这些年，合肥入选营商环境省会十佳城市、"网上政务服务能力非常高"城市、政务服务标准化示范城市等，劳动力市场监管、财产登记、纳税、政务服务、包容普惠创新等 5 项营商环境指标成为全国标杆。

水深则鱼悦，城强则贾兴。截至 2022 年底，合肥全市经营主体总量超过 151 万户，是 2013 年初的 5 倍，净增超 121 万户，年平均增幅达 17.5%。2022 年全年，全市产值超亿元企业 884 户，同比增加 25 户，超 10 亿元企业 136 户，同比增加 8 户；全市净增国家高新技术企业 1834 户，创历史新高，总数达 6412 户；新增国家级专精特新"小巨人"企业 78 户，总数达到 139 户。

近年来发展迅猛的合肥，被媒体冠以"最牛风投城市"，这实际上与合肥营商环境的持续改善有着密切关系。

2023 年 5 月 18 日下午，安徽省营商环境改革创新示范区建设启动会在合肥召开，合肥、芜湖、滁州三市作为试点市正式启动示范区建设。

2022 年 6 月 30 日，比亚迪合肥基地项目整车下线仪式在长丰县下塘镇举行，标志着安徽新能源汽车产业迈出了具有里程碑意义的重要一步。一年前的 7 月，比亚迪与合肥"一拍即合"，一期项目从谈判到签约仅用时 23 天，从签约到开工仅用时 42 天，从签约到整车下线仅用时 10 个月，刷新了"合肥速度"。这次合作为合肥打造具有国际影响力的新能源汽车之都提供了强大的助力。这是比亚迪抢抓机遇、大胆创新所创造的一个奇迹，也是合肥营商环境全面优化的缩影。这样的"合肥速度"，已成为合肥用心服务优质"赢"商的典型案例。

"极速奔跑"的背后是极优服务。《安徽日报》在 2023 年 8 月 30 日刊发的一篇关于合肥营商环境的报道指出，作为创优营商环境改革创新试点区，合肥高新区、经济技术开发区、新站高新区全力在"极优服务"上做文章。

其中，合肥高新区 G60 虚拟专窗实现企业设立、变更、注销，个人社保卡换领、补领及换发业务上海、安徽两地跨省办理，启动运营全省首个知识产权服务大厦，打造全链条服务的知识产权一站式公共服务平台。合肥经济技术开发区打造了"问办一体"纳税服务新模式，在安徽省首推小客车注册登记生产企业预查验试点，实现国产小客车"出厂即查验"。新站高新区则打造"链盟行动"产业对接平台，举办专题对接会，促成多家企业需求对接。

有关材料显示，为提供"极优服务"，合肥全面落实审批服务事项"网上办""掌上办""邮递办""预约办"，免费为新设企业刻制印章，针对部分办理事项提供免费邮寄服务；持续精简设立、准营、注销办理环节，推出"证照联办""证照并销"，实行市场监管领域经营主体登记（注销）和行政许可"一次申报、一同受理、并联审批"的办理模式。

创优营商环境，用什么来保障？

政策赋能，机制创新。

2023 年 5 月发布的《合肥市优化营商环境行动方案（2023 版）》，推出了 160 条举措。

为保障各项工作举措落地落实，合肥成立营商环境改革创新试点推进工作组，合肥高新区、经济技术开发区、新站高新区 3 个试点开发区建立"一个改革事项对应一个工作方案、一套操作规范、一批应用场景"的"三个一"工作机制，并建立"1＋N"联动负责制、"分级调度＋定期会商"等制度，系统、有序、整体地推进营商环境创新试点工作。

2023年8月，合肥市《优化营商环境条例（草案修改稿）》公开征求意见结束，拟以立法形式固化营商环境改革实践的经验做法。自2019年起，合肥已连续4年出台《合肥市优化营商环境行动方案》，制定实施了600多项改革举措，营商环境改革取得明显成效。

合肥市政府主要负责人向记者透露，"督紧抓实、点名道姓、梳理亮点、分析不足、对标先进、问题导向，以抓铁有痕、踏石留印的作风和方式，努力打造全国最好的营商环境"。

## 包容审慎，公正公平

作为一个以创新为底色的城市，合肥在大力优化营商环境赋能高质量发展中，显示出包容审慎、公正公平的持续努力。

在国务院办公厅发布的《关于对2021年落实有关重大政策措施真抓实干成效明显地方予以督查激励的通报》中，合肥作为"推进企业登记注册便利化、深化'双随机、一公开'监管和信用监管、落实公平竞争审查制度等深化商事制度改革成效明显的地方"，获得督查激励。

近年来，合肥加快健全以"双随机、一公开"监管为基本手段、重点监管为补充、信用监管为基础的新型监管机制，为新经济、新业态、新模式的发展营造公正有序的市场环境。

合肥动态调整"一单两库"事项清单，纵向实施系统内随机抽查，横向组织跨部门联合检查。这种"进一次门、查多项事"的监管方式减少了对企业生产经营的干扰，密切了政企关系。

安徽中青检验检测有限公司一位高层管理人员表示，"双随机、一公开"

监管推动了跨部门联合检查，减少了对企业的干扰，为企业发展留足了空间。这家成立于 2012 年的公司已为全国 5000 多家大中小型食品企业提供技术咨询、人才培训、委托检测、质量认证等服务。

而合肥强化知识产权创造、保护和运用，则是打造一流营商环境、助力高质量发展的又一种实践。

合肥近年来持续加强知识产权保护，出台了《加强知识产权快速协同保护的合作框架意见》，推动完善行政保护、司法保护、社会共治等协同保护机制。同时，组建知识产权纠纷人民调解员队伍（138 人）、知识产权保护社会监督员队伍（30 人），成立知识产权纠纷仲裁调解中心、知识产权云存证服务中心；各区（市）县设立知识产权保护维权服务站，推动构建知识产权快速维权"一张网"。截至 2023 年 6 月，合肥完成知识产权纠纷人民调解 112 件，探索"集中行政调解＋司法确认""互联网＋调解＋仲裁＋司法确认"等新模式，切实提升了纠纷处理速度和质量。

在提升知识产权运用效益方面，合肥付诸行动，成效颇丰。比如，通过积极开展知识产权质押融资"入园惠企""知惠行"等专项活动，2022 年完成专利权质押总金额近 32 亿元，完成专利密集型产品认定 74 个。比如，设立 6000 万元的"合肥市高技术产业知识产权运营股权投资基金"，为企业创新发展注入动力等。

与此同时，建成合肥知识产权大厦，为创新主体提供全领域、全流程、全方位的知识产权服务；完成"技术与创新支持中心（TISC）（2 家）＋国家知识产权高校信息服务中心（1 家）＋国家知识产权信息公共服务网点（1 家）"布局，知识产权公共服务规划布局不断完善。截至 2023 年 6 月，合肥在全市开展知识产权贯标、质押融资、专利预审、维权援助等专题培训与宣讲 130 余场，培训市场主体 3.1 万人次，新增贯标单位 226 家。

合肥还出台《推进知识产权强市建设行动方案》《合肥市国家知识产权强

市建设示范城市工作方案（2022—2025 年）》，以专章形式将知识产权纳入《合肥市科技创新条例》，全面建设知识产权强市，打造一流营商环境。

截至 2023 年 6 月，合肥拥有的有效发明专利首次突破 6 万件，达到 60134 件，年均增速 27%，为创新引领合肥高质量发展提供了强力支撑。

2023 年 6 月 1 日，合肥市国家知识产权保护示范区建设正式启动。根据相关部署安排，到 2025 年，合肥力争万人高价值发明专利拥有量达 25 件以上，知识产权保护社会满意度达 85 分以上，专利密集型产业增加值占全市地区生产总值（GDP）比重达 20% 以上，高质量建成合肥市国家知识产权保护示范区，打造具有合肥特色、辐射长三角、全国一流、具有世界影响力的知识产权保护样板城市。

2023 年 8 月 22 日，合肥市正式发布《合肥市支持总部经济发展若干政策（试行）》，推出 10 条高含金量政策举措，指出合肥将加大总部企业引进和培育力度，力争到 2025 年，总部企业数量超过 150 家，实现三年翻一番，成为长三角总部经济重要集聚地。该政策文件提出，要为总部企业的招引培育打造一流营商环境。

惟改革者进，惟创新者强，惟改革创新者胜。合肥坚守创新底色，全力打造最优营商环境，让这座城市的"科里科气"连绵不绝，让这座城市的人民幸福永续。

## 合肥企业
## 有话说 ▶

蔚来汽车创始人：

你赶紧来合肥

很多人问我选择合肥，到底是出于什么样的考虑。总结一下，合肥有三个合理性。

**一、产业布局的地理位置优势**

人口地理学中有非常著名的黑河-腾冲线，合肥在黑河-腾冲线东边部分中心位置，所以它不管是到长三角，还是往东、往西、往南、往北，正好居中，这个意义就是节省物流费。我们初步算了一下，在合肥做产业，一辆车能省4000元左右的物流费，包括进厂物流、整车物流，如果100万辆车，就省出40个亿。

**二、人才优势、创新优势**

安徽以"创新"作为自己发展的核心战略，合肥对于创新的支持，从中科大开始，我觉得这种支持是不遗余力的。"智能""电动""汽车"这三个领域，在合肥都能找到人才、技术。智能化不用说了，现在中国AI的独角兽企业里面，一半的创新人才来自中科大，这让人印象深刻。合肥工业大学是中国汽车产业的"黄埔军校"，很多汽车企业掌门人都是来自合工大（还有安徽大学）。

**三、政府部门的远见、担当和高效行动力**

对于一个企业来说，营商环境非常重要。不管是从区位优势、人才优势看，还是从政府的营商环境看，合肥值得大家来落地。我现在见到每一个人，都要跟他说"你赶紧来合肥"，我是合肥的义务招商顾问。

合肥对蔚来来说，有"救命之恩"，2020年在我们最困难的时候，合肥伸出援手，把我们从"重症监护室"抢救回来，让我们重新恢复健康，重新奔跑，所以确实非常感谢合肥、安徽对我们的支持。

我们从"重症监护室"开始恢复一些元气以后，在 2020 年 10 月 29 日，开始和合肥市讨论一件事情——如何从更长远的角度去规划安徽的智能电动汽车产业？在第一次讨论时，大家说根据智能汽车产业集群规划，有没有可能建立一个世界级的智能汽车产业集群。经过五六个月的深度规划，在 2021 年 4 月 29 日，新桥智能电动汽车产业园项目正式开工。

合肥投资我们，在很短的时间之内就获得了不错的回报，我们也已经让合肥投资的部门实现了一些退出。

2021 年 2 月，我们和合肥签了深化合作协议。合肥市承诺，投资中的回报收益，用于支持整个智能电动汽车产业链的发展。我认为这个立意非常高，对我们来说也很合算。

我认为，对一个企业、一个产业的最好支持，就是去打造一个完整的产业集群。因为产业集群会带来人才聚集，带来产业链、供应链聚集，带来市场聚集。如果只是零星地去做一些事情，它的规模化效应是不够的。如果做产业集聚，定位是世界级的电动汽车产业集群，对所有企业，包括我们自己在内，它都会带来非常大的效应。

产业园设在经开区北区，在机场的边上，而且南边是集成电路产业园区，总面积将近 11.3 平方千米。有三个区域，包括智能制造区、研发生活区、生态文化区，绿化面积非常高。我们希望打造一个完整的智能电动汽车产业链，建设一个智能、集约、高效的园区。

欢迎产业链的合作伙伴，各位朋友，也欢迎全球的优秀人才，到合肥来安居乐业。

（内容源自"第十三届中国汽车蓝皮书论坛"，有删节。）

长

沙

听见城市生长的声音，听见城市未来的心跳

# "长红"城市"营"未来

不知从什么时候开始,每年的 5 月 20 日成为一个"告白"的日子。然而,以城市之名,向市民告白,湖南省会城市长沙大概是第一个。

2023 年 5 月 20 日,长沙发布了营商环境城市宣传片《逐梦星辰 赢在长沙》。在这部时长被精心设计为"5 分 20 秒"的短片里,长沙向她怀抱里的每一位"追梦人"深情告白——"繁华都市里,每一张仰望星空的脸庞上都写满对远方的憧憬,而长沙毫无保留地温柔宣告:长沙,偏爱她怀抱里的每一个梦想,不辜负每一个燃烧者的热望……"

从城市营商环境出发,向高质量发展征途上的"赶路人"发出诚挚深情的呼唤,对长沙来说,这并非首次。2022 年 3 月初,为迎接全国两会和党的二十大胜利召开,长沙市优化营商环境协调事务中心推出营商环境宣传片《赢在长沙 万有引力》,从空间引力、创新引力、改革引力、幸福引力、时代引力等 5 个维度介绍长沙营商环境,推广其"营在长沙,赢得未来"的营商理念。

两部城市营商环境宣传短片,有不同的镜头语言,也选择了不同的画面,创作技法也迥异,但焦点和主题是一致的:长沙以一流营商环境为创业者赋能,为追梦者筑梦。

营长沙,赢未来。长沙如何提升城市竞争力和吸引力,铺就城市幸福发展的星辰之途?

近年来,长沙"手可摘星辰"的城市特质益发明朗,先后实现经济总量过万亿元、地方一般公共预算收入过千亿元、常住人口过千万人的新跨越,跻身特大城市行列。

长沙从"网红城市"迈向"长红城市"的路径也日益清晰,城市吸引力和竞争力快速提升。长沙提供的资料显示,近年来,长沙围绕22个工业新兴及优势产业链开展精准招商,始终保持每15天新引进1个"三类500强"项目、每30天新引进1个投资过50亿元项目的节奏,显示了高质量发展的"长沙速度"。截至2023年9月,落户长沙的"世界500强"企业已达180家。与此同时,长沙的招商引资规模持续扩大,2022年,长沙实际使用外资30.99亿美元(折合人民币208.44元),居中部省会城市第一,并入选"中国最具投资吸引力城市""中国十佳外商投资最满意城市"。

长沙不断优化的营商环境,给城市"长红"提供了强力保障。如今的长沙,正实施"营商环境领跑行动",聚焦制度创新和服务优化,持续打造一流营商环境升级版。

简而言之,"营长沙,赢未来"的长沙正致力于打造幸福"赢"商的"一个中心,两根支柱"。一个中心,即"持续打造一流营商环境升级版","两根支柱"分别是制度创新和服务优化。

## 硬核发展夯实城市"长红"之基

2020年9月16日至18日,中央领导在湖南考察,给湖南擘画了"三高四新"美好蓝图,即勉励湖南着力打造国家重要先进制造业、具有核心竞争力的科技创新、内陆地区改革开放的高地,在高质量发展上闯出新路子,在构建新发展格局中展现新作为,在推动中部地区崛起和长江经济带发展中彰显新担当，奋力谱写新时代坚持和发展中国特色社会主义的湖南新篇章。

"三高四新"美好蓝图，也是留给湖南的一张时代考卷。作为省会的长沙，从那时起就锚定了"三高四新"美好蓝图。

三年后的长沙，交出了怎样的答卷呢？

2023年9月18日的《湖南日报》以《锚定"三高四新"美好蓝图的长沙行动》为题勾勒了长沙答卷，称"省会长沙作为重点答卷人，一路乘风，拾级而上，锚定'三高四新'美好蓝图、坚持推动高质量发展，劈波斩浪、奋勇前行"，并将长沙发展比喻成游龙和滔滔湘江水。

该文指出，如今的长沙已处在高质量发展重要节点和全新方位，正释放出前所未有的创新活力与发展动力：长沙工程机械企业海外销售节节攀升，高质量发展势头强劲；岳麓山实验室全面实体化运行、岳麓山工业创新中心实现入园办公、湘江实验室首批已入驻19个院士专家团队、芙蓉实验室取得新突破——湖南省四大实验室建设不断刷新"进度条"；湖南自贸试验区长沙片区3年共有18项制度创新成果入选全省首批改革试点经验和改革创新典型案例，占全省的82%；长沙全力建设全球研发中心城市吹响号角，出台实施意见和若干政策……

"三高四新"涵盖了从产业发展到区域协调、从改革开放到科技创新、从生态环境到民生福祉等各个方面，既标注了新任务，又指明了实现任务的方法。对长沙而言，需要做到的就是不折不扣地全面落实"三高四新"战略定位和使命任务。

当下的长沙，正努力实施"强省会"战略，为湖南高质量发展探新路、作贡献、当表率。

长沙的主要战术之一是"坚持在精准精细中重点发力，找准产业主攻点"。做法之一是聚焦制造强市工程，坚定不移做大做强先进制造业，深入实施产业发展"万千百"工程，大力发展"大智移云"等战略性新兴产业，构建特色鲜明的"1＋2＋N"先进制造业集群，形成项目梯次推进、企业梯次培育、产业集群发展的良好态势。

资料显示，截至2023年9月，长沙全市经营主体超过170万户，A股上市公司总数达到86家，居中部省会城市首位。

实力取决于实干。长沙人说，实干是长沙的最大担当。

2023年9月19日，长沙市有关领导在"企业家幸福感营商对话暨制造业立市苏州论坛"上推介长沙时表示，长沙"以硬核产业'长红'夯实现代化新长沙的幸福基础"，并指出，2023年以来，长沙全面实施高质量发展"十大行动"，出台"推动先进制造业高质量发展24条"等系列政策，推动硬核产业实现"长红"。

数据显示，2022年，长沙全市地区生产总值（GDP）约1.4万亿元，其中工业对GDP增长的贡献率达44.7%。数字背后是先进制造业高质量发展构筑的城市"长红"之基。

长沙布局主要有三。

一是打造国家重要先进制造业高地。

世界最高泵送纪录、世界最长混凝土泵车、世界最大上回转塔式起重机、世界最大旋挖钻机、国产最大直径盾构机……长沙生产的工程机械产品种类约占全国的70%，产值约占全国的23%，是名副其实的"世界工程机械之都"。2022年，长沙工程机械产业集群规上企业总产值达1990亿元，利润约90亿元，行业的资产总额、营业收入、利润总额连续13年居中国首位。

长沙也是全球第二个拥有5家"世界工程机械50强"企业的城市，这意味着长沙工程机械产业集群代表"国家队"，正向着世界级产业集群的巅峰冲刺。

更突出的是，长沙先进制造业已由工程机械一业独大，发展至拥有7个千亿产业集群、19家百亿制造业企业。而且，长沙的工程机械产业集群和新一代自主安全计算系统产业集群被确定为国家先进制造业产业集群，拥有3000多家规上工业企业，国家级智能制造示范工厂数量居全国第一。

历史告诉我们，长沙的制造实力，源自这个城市自古有之的钢铁雄心。长沙人喜欢讲述在杨家山65号的春秋晚期墓葬中出土的那把钢剑。据说这是迄今考古发现的我国最早的钢制品。另外，据考证，宋真宗天禧年间，全国各地制造的漕运官船共有2916艘，其中长沙制造的就有280艘。长沙人说，这彰显出长沙的制造业基因。

长沙的制造实力，实际上更源于这个城市勇立时代潮头的制造迭代。2021年初，《长沙市打造国家重要先进制造业高地三年行动计划（2021—2023年）》出台，提出加快建设工程机械、轨道交通、航空动力等产业集群。2023年3月，长沙市制造业发展促进中心挂牌。

二是全力建设全球研发中心城市。

长沙坚持把创新作为引领发展的第一动力，以推进"4＋4科创工程"和湘江科学城为抓手，加强创新平台建设。长沙新增国家级创新平台3家、省级创新平台55家，全国重点实验室达14家。同时，加速核心技术攻关，并部署实施"七大重点工程"，不断开辟发展新赛道、塑造发展新动能、增创发展新优势，奋力打造具有核心竞争力的科技创新高地。

2023年6月19日，在2023互联网岳麓峰会开幕式上，湖南省省委书记在致辞中宣布"将长沙打造成为全球研发中心城市"。

打造全球研发中心城市，是长沙在推进高水平科技自立自强上"走在前、作示范"的具体实践。

这也是长沙基于自身优势的准确判断。比如，工程机械、汽车及零部件、电子信息、新材料等七大千亿产业集群，让长沙拥有全球化的技术应用市场。近年来，索恩格新能源汽车技术全球研发中心、万兴科技全球研发中心、舍弗勒大中华区第二研发中心、广汽三菱研发中心等区域性和全球性研发中心纷纷在长沙落地，这反映出长沙正逐步形成具有全球竞争力的开放创新生态。

三是加快构建现代化产业体系。

长沙坚持制造立市、制造强市，推动制造业向高端化、智能化、绿色化迈进。突出产业集群发展，持续巩固工程机械、电子信息等优势产业，培育先进计算、先进储能材料等战略性新兴产业，前瞻布局生命科学、类脑智能等未来产业。据长沙有关负责人介绍，截至 2023 年 9 月，长沙智能驾驶产业声名鹊起，互联网产业发展综合指数位列中部城市第一。长沙正阔步迈向先进计算之城。

## 创新驱动

长沙人说，长沙是一座创新驱动的活力之城。

长沙人还说，创新是长沙的最强基因，"因为创新，长沙创造了以超级杂交水稻、超级计算机、超高速列车为代表的世界级科研成果；因为创新，广电湘军、出版湘军、动漫湘军相继脱颖而出，超级文和友、茶颜悦色、御泥坊、盐津铺子等新消费品牌闻名全国；因为创新，长沙抢占文化制高点，成为世界'媒体艺术之都'和各地年轻人心驰神往、争相前来打卡的网红城市"。

在打造并优化营商环境的征途上，长沙人创新的基因令人瞩目，尤其是在制度创新方面，高招迭出。

在长沙看来，优化营商环境是系统化的制度创新。比如，长沙这些年持续把优化营商环境作为推进高质量发展的"头号工程"，先后推出营商环境不同版本，制定一年一度的具体目标，以便最快速度地提升城市营商软实力。

2018 年，《长沙市优化营商环境三年行动方案（2018—2020 年）》中，提出良好的营商环境就是生产力、竞争力。

2019 年被长沙确定为"营商环境优化年"和"产业项目建设年"，长沙协同推进营商环境优化和产业项目建设。

2020年，长沙持续优化营商环境，落实抓细抓好《长沙市营商环境优化工程2020年行动方案》《长沙市优化营商环境若干规定》，帮助企业走出困境，为各类市场主体提供全生命周期、全方位的保障、支持和服务，助推长沙高质量发展。

2021年，长沙提出积极树立"投资中部、看好长沙"的营商口碑，打造"对市场主体和办事群众像春天一样温暖"的营商品牌，全力优化全市营商环境。

2022年，《长沙市打造营商环境升级版加快建设国际国内一流营商环境2022年行动方案》正式发布，提出39项共计212条具体举措。同样在2022年，长沙发布《优化营商环境促进市场主体高质量发展三年行动计划（2022—2024年）》，部署五大重点任务共20项措施，提出以市场主体的高质量发展助推现代化新长沙建设。

2023年，长沙制定《长沙市打好优化发展环境持久仗工作任务清单暨优化营商环境工作2023年度重点任务清单》，部署37项共计176条具体改革任务。

在2023年政策供给和改革突破中，值得一提的是《长沙市2023年重点建设项目机会清单》等"四张清单"。显然，长沙的这次创新，是关于公开透明的硬举措，从传统的"我们要什么"到"我们有什么、还需要什么"，目的就是营造更优政策环境和制度环境。

长沙在营商环境优化方面的改革创新，为这个城市的荣誉榜增加了新内容。长沙获评首批国家知识产权强市建设示范城市；长沙的知识产权创造、保护和运用、劳动力市场监管、跨境贸易、获得电力、保护中小投资者、执行合同、办理建筑许可等7个指标的创新经验入选《中国营商环境报告2021》，作为示范引领最佳实践典型案例，面向全国推介……

人才是城市创新发展的主体。在长沙的城市营商软实力版图中，人才是核心，而长沙在这方面的创新可谓有目共睹，相关报道比比皆是。

长沙市政府部门的一名工作人员在接受媒体采访时把"重视人才、礼敬人才"称为长沙的城市品格，指出长沙为了摆脱"孔雀东南飞"的人才流失之困，长期以来持续推动人才政策和人才工作迭代升级。

在政策方面，长沙高招频出：从"人才政策22条"到"1＋5＋27"政策体系；从"制造业人才集聚工程三年行动计划"到"支持'智能制造'海归小镇建设若干政策"；从"自贸区人才政策45条""乡村振兴8条"到"工业30条"，再到新的人才政策"升级版45条"；等等。

在人才认定方面，长沙率先打破唯学历、唯资历、唯论文、唯奖项的传统方式，以创新价值、能力、贡献、社会认可度为导向，逐年制定高层次人才分类认定目录，分别认定A、B、C、D四类高层次人才，并发放相应的"人才绿卡"。在长沙，获得认定的人才，可以享受多方面的礼遇。

资料显示，2018—2023年，长沙累计投入近30亿元，为7.81万名高校毕业生发放租房和生活补贴，发放人才购房补贴1.15万人次、4.16亿元，兑现制造业企业专业技术人才职称晋级奖励补贴1.12万人次、4024万元，支持海外专家引智项目309个、3490万元。

长沙深知，人才是城市"赢"商的核心竞争力。以打造全球研发中心城市为例，该目标的提出，源自长沙建立的科学合理的人才梯队。

2022年，长沙人才总量由2017年的110万人增至302万人；中高端人才净流入率居全国前三，95%的高精尖人才集中在战略性新兴产业；长沙的"人才吸引力指数"排名跃居全国第十、中部城市第一。

## 服务制胜

服务制胜是长沙优化营商环境的另一个基本点。

在长沙 2023 年持续打造一流营商环境升级版的"战术"中，服务成为关键词。长沙的官方表述是：突出更利企更惠民，构建"政策找企业"机制，深化惠企政策"一件事一次办"和"免申即享"改革，健全企业上市一站式服务等绿色通道。开展"万名干部进万企"优化营商环境服务季活动，选派万名干部点对点帮扶 9611 家规上企业及 429 家重点中小企业，为市场主体提供全方位服务。

2023 年 9 月，长沙一位政府工作人员在江苏太仓介绍其营商环境建设时，称长沙以营商环境"优化"为建设现代化新长沙赢得先机，以"保姆式"服务赋能企业。这具体体现在：紧扣困扰市场主体经营的"钱、人、电、气、水"等难题综合施策，让市场主体进得来、留得住、发展得好；建设长沙"惠企通"一站式平台，构建"政策找企"机制，为市场主体提供全面的政策信息服务；大力推行政策兑现"一件事一次办"和"免申即享"，让企业找政策"一键匹配"、享政策"一站直达"；积极打造"无证明城市"升级版，构建"15 分钟政务服务圈"和 24 小时"不打烊"自助政务服务，与 10 省 19 市实现"跨域通办"等。

在全方位、全天候、全生命周期服务经营主体的过程中，长沙坚持"得豆"先"种豆"。"得豆"是收获，"种豆"是付出。所谓"种豆"，即倡导干部下沉一线，不断优化营商环境，以付出换企业产出。比如，近年来长沙持续开展"政企晚餐会""企业家日""万名干部进万企"等行动，以期为市场主体打造环节更少、流程更快、成本更低、政策更优、服务更好、获得感更强的一流营商环境。

2023 年是长沙深入推进"万名干部进万企"优化营商环境行动的一年，

企业对此好评连连。浏阳市源海出口花炮厂负责人告诉当地媒体，"只是提了一下想法，立马就有专人上门指导；有些问题我们还没遇到，答疑和指导就走在了前面"。截至2023年4月底，长沙各级联企干部实地走访1.3万余家企业，100%覆盖了规上企业；收集问题3171个，已解决问题2372个；组织各类活动600余场，惠及12.3万人；政策资金兑现13.56亿元，惠及10562户市场主体。

效果如何呢？据当地媒体报道，长沙有万名联企干部奔跑在企业生产、项目建设第一线，"踩热了星城暖商热土"。仅2023年第一季度，长沙规上工业增加值同比增长6.5%，高出全国3.5个百分点、全省2.6个百分点，排名全省第一。

在长沙的服务制胜策略中，市场主体始终"站C位"。

一是给市场主体提供更便捷的办事环境。长沙通过梳理"无证办"事项清单，新增上线8个"不见面办"事项，完成11类法人证照开发上线、100类高频证照梳理。同时，长沙强化"湘易办"的推广与应用，完成105项"一网通办"事项"湘易办"上线工作，并全面深化"一照多址""一证多址"改革以及"一业一证""一业一照"行业综合许可改革，推进企业开办标准化、规范化，不断提升企业登记便利化水平。企业开办全程电子化率已达到90%。

二是让惠企政策落地落实。除了让联企干部送政策上门服务之外，长沙推出"湘税通"平台，向28万家企业"点对点"推送政策。推出"长沙惠企通"一站式平台，构建"政策找企"机制，对800余条各级政策开展"颗粒化"分解，企业通过"标签化"检索，即可自动匹配符合自身需求的政策。长沙还大力推行政策兑现"一件事一次办"和"免申即享"，让企业找政策"一键匹配"、享政策"一站直达"。仅2023年1—3月，全市已兑现2023年度政策资金近11亿元，惠及经营主体超9000家。

三是持续降低市场主体的要素成本。比如，持续深化推行水电气报装"零资料、零跑腿、零审批、零费用"服务；建立健全人力资源信息库、劳务对接信息库、企业用工需求信息库，等等。

如上所述，长沙通过政府搭建交流平台，加强资源对接，精准施策，精细服务，协调解决各类问题，让市场主体腾出手脚专注发展，也让企业发展更有保障，从而更有信心。

就像长沙营商环境城市宣传片里所说，"不辜负每一个燃烧者的热望，为领跑者减负，为新上路者引路，为困境中的照亮路，为迷失中的，辟出一条路"。

在长沙，在这个"长红"城市"营"未来的征途上，会听见城市生长的声音，也会听见城市未来的心跳。

## 长沙企业
## 有话说 ▰

### 长沙智能驾驶研究院（希迪智驾）联合创始人：
### 我们在长沙奉行创业的方法论

希迪智驾的另外一个名字叫长沙智能驾驶研究院，是一个不折不扣的民营企业，一个完全由风险投资和员工持股的初创企业，主要从事智能驾驶的硬科技产品的开发。

我们企业 2017 年 10 月创立于长沙，2022 年被评为独角兽企业，也是专精特新的"小巨人"企业。

这几年的发展，长沙市对我们提供了很多的支持。

到底政府和企业之间的关系是什么样的？尤其是和民营企业的关系是什么样的？"政府搭台、企业唱戏"不新，以前也说过，但是这对智能驾驶企业来说非常关键，因为它是新兴事物，既不是运营商的传统模式，也不是修建高速公路管理收费的模式，到底是什么模式？谁管路谁管车？无人车造出来之后怎么实验？

我们把这些问题提出来之后，长沙市在第一时间打造了一个全国最大的无人车试车场，共88万平方米，投资19个亿。

长沙政府非常坚定，政府修路，企业自由竞争造车，让我们在竞争中"甩开膀子"。这跟很多城市不一样，很多时候各种激励、招商的基金补贴车企，但最后生态没有形成。长沙成为全国第三个国家级车联网先导区，也成为双智（智慧城市基础设施与智能网联汽车协同发展）第一批试点城市，从一个并不是很发达的汽车工业城市发展到牵头城市。

作为一个企业家，最大的幸福莫过于你的产品能够造福于这个城市，造福于帮助你的这个城市。我们都知道，城市痛点是交通拥挤，乘坐公交车的人越来越少，导致公交补贴越来越严重，怎么样破掉这个魔咒？给公交车优先的路权，是解决城市痛点的关键。但是让公交车的路权得以提高，如何做到既不占用道路资源，还要以低成本的方式进行？我们在智能网联汽车开发过程中，开发了一个专利技术——"主动式公交优先系统"，相比被动式的和物理式的，其成本大幅下降。

这个方案提出之后，长沙市给了我们大力支持。在一年时间里，我们落地了2720辆公交车、72条公交线路的智能化改造，实现了我们的梦想。因为这个全球最大规模的主动式公交优先项目，长沙市荣获了"世界智慧城市出行大奖"。

到底自动驾驶能解决什么问题？我们说自动驾驶人工智能是一场大的革命，汹涌澎湃，但是解决不了多少问题的话，落地非常难。我们认为，自动驾驶要解决的第一刚需是矿山，因为有安全的问题，不光简单地减少司机的问题。我们在江苏句容率先实现了无人化运营的矿山，在业界创造了几个纪录，比如燃油成本大幅度下降，效率超过了人工。长沙市政府知道之后，也对我们提供了帮助：怎么走出湖南？湖南援疆的对口单位是吐鲁番，那里有很多煤矿，最近我们签了一个大单，这是长沙扎扎实实帮助企业发展，帮助企业在全国范围内进行竞争。

自动驾驶目前已经发展了5年，是人工智能皇冠上的钻石，也有不确定性，很可能几年甚至10年都解决不了，但是我们有三大优势——算力、算法、通信，每年10倍的增长给了我们一把"屠龙"宝刀。大部分的创业公司往往拿着宝刀找"龙"，但是"龙"不存在，到底能"杀"什么东西？如何拿到自己的商业回报，我们在长沙这块土地上奉行的是创业的方法论，政府也有定力和耐心给我们鼓励。

经过这几年的打磨，在长沙市的支持下，我们做出了一系列的刚需的产品，它们是市场的刚需，也是高价值的应用。

在这几年的创业经历中，我们深深感觉到在幸福的城市，我们的员工是如何发挥他们巨大的潜力，释放出巨大的生产力，感谢长沙。

（内容源自"企业家幸福感营商对话暨制造业立市苏州论坛"，有删节。）

111

鄂尔多斯

暖城之暖，重在暖企

# "五心"暖城"赢"商来

优质的营商环境对一个城市意味着什么？意味着城市高质量发展的有力保障。高质量的发展又靠什么？优质的营商环境是关键。优质的营商环境、城市高质量发展，二者互为因果、彼此成就的良性循环，在我国的北方"暖城"鄂尔多斯成为现实。

鄂尔多斯位于内蒙古西南部，地处黄河"几字弯"腹地。当地人说这是一座温暖世界的城市，称之为"暖城"，因为鄂尔多斯以一市之力保障了全国 25个省（区、市）的燃"煤"之急，向京津冀等 40 多个城市输送近 200 亿立方米天然气，温暖了千座城。

早在 20 世纪 80 年代，就有一句家喻户晓的广告语"鄂尔多斯温暖全世界"。在如今的鄂尔多斯，"暖"已经成为城市的形象品牌，有更加多元丰富的内涵。据当地干部介绍，这里正多维度打造"暖城"城市 IP，加快在中国式现代化进程中全方位为企业家投资发展蓄势赋能，保驾护航。

更为人熟悉的是，如今的鄂尔多斯作为国家重要的能源基地和产业转型升级示范区，是一座有"能量"的城市，也是我国新能源投资热土之一。《新华每日电讯》2023 年 8 月 30 日刊发报道称，据不完全统计，全国已批复在建和拟建风光制氢项目 80 个、绿氢规模约 100 万吨，其中内蒙古批复实施 30个项目、绿氢规模 52 万吨，占了全国的一半。文章说，内蒙古敢大力发展风光制氢项目，底气之一是"当地拥有丰富的应用场景"，并以能源强市鄂尔多斯为例，指出"当地正大力培育风光氢储产业链，以绿电制绿氢，用风光换煤炭"。

而打造暖城的产业新高度，丰富企业能投的场景，也正是鄂尔多斯积极营商的重要内容。

2023 年 9 月，鄂尔多斯一名政府工作人员在"企业家幸福感营商对话暨制造业立市苏州论坛"上介绍了打造"企业能投的应用场景"的四大举措，即做大新能源、做优新材料、做强新制造、做好新技术。

以做好新技术为例。鄂尔多斯坚持以科技创新引领产业绿色低碳转型，获批建设国家可持续发展议程创新示范区，建成了北京大学鄂尔多斯能源研究院，并与清华大学共建鄂尔多斯实验室，与中国科学院大连化物所合作建设现代煤化工创新技术中试基地，发布落地 PVC 无汞化生产、粉煤灰提取氧化铝、纳米碳氢燃料等一批重大科技成果，全面打造能源领域技术创新策源地。

鄂尔多斯打造的应用场景丰富厚实，吸引了越来越多的项目。据悉，全市平均每两天就有一个亿元以上项目签约。

2023 年 3 月，宝丰能源公司位于鄂尔多斯市的"绿氢＋煤"制烯烃项目一期正式开工建设。该项目总投资 478.11 亿元，一期预计 2024 年建成投产。这是目前全球单厂规模最大的煤制烯烃项目，也是全球首个规模化用绿氢替代化石能源生产烯烃的项目。

2023 年 7 月 15 日，"2023 年中国有约国际媒体主题采访团"走进位于伊金霍洛旗的蒙苏经济开发区零碳产业园。

园区工作人员向记者介绍，作为全国首个零碳产业园，该园区已入驻 9 家新能源头部企业，比如以远景为龙头，华景、万锂泰、镕锂为配套的电池及储能产业链，以隆基为龙头的光伏产业链，以美锦国鸿、协鑫集团为龙头的氢燃料电池及绿氢设备制造产业链，以上汽红岩、捷氢科技为龙头的新能源汽车制造产业链……这批 500 强企业的落地，打通了绿电、绿氢、储氢、加氢、氢能车辆应用的全产业链，意味着鄂尔多斯市正形成一个"风光氢储车"零碳产业链集群。

《内蒙古日报》的一篇报道透露，"按照规划，到 2025 年，该产业园将助力当地实现约 3000 亿元绿色新工业产值，创造约 10 万个绿色高科技岗位。其中，仅隆基绿能光伏项目满产后，年产光伏组件就相当于 2 个三峡电站装机量，可在其 30 年的生命周期中，转化 14 万亿度的绿色电力，实现年税收 30 亿元，带动当地 17000 人就业"。

城市如何为人民的幸福谋发展？数据提供了最有力的证明。以鄂尔多斯伊金霍洛旗为例，伊金霍洛旗 2022 年人均 GDP 达到 48.5 万元，地区生产总值首次突破千亿元大关，达到 1219 亿元，蝉联中国百强县。

能源革命给鄂尔多斯带来了千载难逢的发展良机。但是，正如伊金霍洛旗一名干部在接受新华社记者采访时所说，"只有做好营商环境后半篇文章，才能让投资者不仅愿意来，而且留得住、发展好"。

暖城之暖，重在暖企。伊金霍洛旗从提供"保姆式"服务、打造标准地、代建厂房、注入发展基金等方面，全力支持企业扎根发展，吸引了远景、隆基、上汽等头部企业落户。

截至 2023 年 6 月底，鄂尔多斯市市场主体总数突破 30 万户。

## 谋营商，谋未来

鄂尔多斯认识到，为城市谋营商，就是为城市谋未来。正因为如此，近年来，鄂尔多斯围绕打造全国一流营商环境，坚持政务环境、市场环境、法治环境、社会环境一体建设，自 2019 年起，连续三年在内蒙古自治区营商环境评估中位居第一。

当地媒体在总结鄂尔多斯的营商经验时，归纳了三点。

经验一：推进对标提升全覆盖。

进入 2023 年，鄂尔多斯的市旗（区）两级联动更加紧密，并且定目标，全方位分解任务。

在市级层面，紧盯"打造全国一流营商环境"目标，系统梳理打造全国一流营商环境任务 300 条、全市营商环境大会重点工作任务 30 条、2022 年区评反馈问题整改任务、2023 年国评区评填报任务、营商环境体验官工作任务等，建立"一项任务、一份清单、一套措施、一抓到底"工作机制，并实行清单管理，明确责任领导、牵头部门、工作内容和完成时限，确保事事有着落、件件有回应。

旗区层面则围绕市级任务，结合实际，进一步完善措施，并"清单式"推进。

经验二：跑出项目审批加速度。

鄂尔多斯将每月第一周定为集中审批周，通过联动审批、容缺受理等硬核举措，实现项目立项即申即办、企业开办一日办结。

值得一提的是鄂尔多斯"不见面"的开标会。"投标倒计时""开标""投标人文件解密"……记者在现场发现，一场"不见面"的开标会正在鄂尔多斯市公共资源交易中心的"不见面开标直播大厅"有序进行。和过去不同，全国各地参与投标的十几家企业，没有一家企业在现场，他们通过登录"不见面开标系统"，远程参与开标。

鄂尔多斯市"不见面开标直播大厅"2020 年 3 月上线，截至 2023 年 7 月，这种"不见面"的开标会已为 3800 多个标段、8.4 万多户市场主体解决交易成本超过 3.3 亿元。

鄂尔多斯公共资源交易中心创新"不见面"服务模式，现已实现招标备案、交易登记、投标过程、办理保函、开标、评标、交易见证、合同订立、异议投诉、招标监管等十个"不见面",实现了从"最多跑一次"到"一次也不跑"的蝶变,受到企业好评。

一位参与"省道316线某段公路养护工程"的投标方企业代表接受采访时表示,这种方式非常好,他在陕西足不出户就能参与线上投标,投标文件也可以一键上传,节省了企业的出行和时间成本,"非常方便"!

招标人同样受益。某招标人代表说,他们这次是远程异地评标,评标专家是在鄂尔多斯和呼和浩特随机抽取的,可以通过电子评标系统完成工作,"对于我们招标人来说,在共享全国各地优质专家资源的同时,还能保证我们招标工作的公平性,效率和质量都有保障"。

交易服务"不见面",但交易信息却是"全公开",这让交易在阳光下运行,真正体现了公平、公正、公开。

经验三:打好优化服务组合拳。

鄂尔多斯市出台政务服务条例,全面推行"标准地＋带方案出让＋拿地即开工""五个大起底"等行动,取得显著成效。

从2022年8月中下旬开始,内蒙古自治区在全区范围内开展待批项目、闲置土地、沉淀资金、"半拉子"工程、开发区建设五个方面的大起底行动,突出问题导向,推动资源要素节约集约利用。鄂尔多斯市的伊金霍洛旗抓住这个机会,将"五个大起底"行动变为优化营商环境的具体实践:在全面起底待批项目方面,坚持加快进度、应批尽批,不断强化协调服务,创新方式方法,变"坐等审批"为"主动上门服务"。在全面起底闲置土地方面,伊金霍洛旗与空港物流园区协调联动、积极作为,合力破解闲置土地处置难题,促进土地资源节约集约利用。在鼓励和引导闲置土地盘活利用的同时,率先实践,成为鄂尔多斯市工业仓储用地"带方案出让"暨"拿地即开工"首个试点项目,实现土地"即供即用"、项目"拿地即开工",在推行"拿地即开工"改革创新的赛道上跑出了伊金霍洛"加速度"。

# 打造"五心"营商环境品牌

鄂尔多斯市 2023 年的"新春第一会",聚焦招商引资和优化营商环境以及工业经济高质量发展,用当地媒体的话说,这次会议"吹响全力抓招商、强工业、优环境的集结号,鼓舞人心,催人奋进"。

鄂尔多斯把"优环境"和"抓招商""强工业"一起,放在发展的最高位置。

近年来,在打造营商环境方面,鄂尔多斯不断刷新成绩,如获评"中国投资热点城市""2022 中国最具投资吸引力城市",入选"中国投资环境质量十佳城市""2023 中国高质量发展十大标杆城市",连续三年在内蒙古自治区营商环境评估中排名第一等。

成绩的背后是该市营商环境建设不断提升的目标和步履不停的实践。近年来,鄂尔多斯市对标全国标杆,迭代实施营商环境 1.0 到 4.0 改革,推出近千项改革举措,打造全国一流营商环境。

2020 年 12 月,鄂尔多斯市制定出台了进一步优化营商环境若干措施,明确了优化营商环境的 22 项具体举措。

2021 年 5 月,鄂尔多斯市打造一流营商环境行动方案出台,对标《中国营商环境报告 2020》核心评价指标,紧盯企业和群众办事创业的痛点、难点、堵点问题,在各行业各领域全面梳理制度、程序、服务、职责等方面的缺失,抓整改、补短板、建制度、立规范,打造市场化、法治化、国际化营商环境。

2022 年 2 月,鄂尔多斯印发《鄂尔多斯市对标先进建设最优营商环境行动方案(500 条)》,提出通过一体打造全国优秀的政务环境、市场环境、法治环境和社会环境,力争用 2 年时间,建成全国营商环境优秀城市。

然而,鄂尔多斯深知,要深入落实自治区有关部署要求,要闯出新路子,打造一流的营商环境新样本,还需要更多的新突破。

2022 年 12 月 30 日，鄂尔多斯出台了打造全国一流营商环境实施方案。在随后召开的全市招商引资和优化营商环境暨工业经济高质量发展大会上，有关负责人总结了鄂尔多斯历年优化营商环境工作，提出"全面争创一流，打造政策最贴心、办事最省心、投资最安心、服务最暖心、生活最舒心的'五心'营商环境品牌，建设全国营商环境优秀城市"。

鄂尔多斯提出：全力打造"暖城·五心"一流营商环境，努力以营商环境之"优"，夯实经济之"稳"、推动发展之"进"。

"五心"营商，是以市场主体的获得感、幸福感为核心目标的"赢"商行动，目标是为鄂尔多斯谋求可见可靠的未来。

一是"贴心"，即政策最贴心。

近年来，鄂尔多斯深入实施极简审批、极优服务、极准监管、极惠扶持，全力打造一流营商环境。这当中，无论具体到任何领域，鄂尔多斯都始终把强化政策支持作为优化营商环境的优先项。比如，该市率先在内蒙古自治区开展优化营商环境立法工作，针对性地出台了《鄂尔多斯市政务服务条例》《鄂尔多斯市民营经济促进条例》等一系列政策措施。

与此同时，鄂尔多斯从市场主体需求出发，针对性地出台了支持现代煤化工、氢能、现代农牧业等产业集群发展的若干政策，以及促进消费系列政策、十项金融赋能行动方案等，并启动建设消费中心城市的三年行动。

二是"省心"，即办事最省心。

鄂尔多斯深化拓展"蒙速办·鄂能办"服务功能，建成鄂尔多斯市政务数据协同审批管理平台，全力推动"一件事"。实行"一表申请""一套材料"办理改革，把涉及多部门的 923 个事项优化整合为 298 个"一件事"，压缩办理时间 87%，精简材料和办理环节超 45%。

鄂尔多斯创建了内蒙古自治区首个"无证明城市"试点，将 289 项证明材料事项、510 项证明材料分批次实现无证明材料免提交，加快推进"减证便民"向"无证便民"转变。

比如，伊金霍洛旗聚焦市场主体关切，营造宽松便捷的市场准入环境和公平有序的市场竞争环境，持续推进"证照分离"改革，切实解决"准入不准营"问题，并全面提升企业开办登记效能，推出"五个零"便民措施，即"零见面、网上办；零证明、减材料；零成本、无负担；零等待、马上办；零跑动、送上门"。

为了让市场主体更放心，鄂尔多斯强化了其监督功能。比如，在自治区率先上线运行"营商环境工作任务调度平台"，将营商环境重点任务全部纳入平台数字化、清单式调度，并通过平台进行任务催办、审核编辑、数据统计、分析报告、问题汇总，工作进展情况在市政府门户网站和"鄂能办"平台上实时公布，便于市场主体查询、监督并提出改进建议。

自 2023 年 4 月起，全市陆续招募了 150 名营商环境体验官，通过开展"沉浸"办事体验，利用"全市营商环境体验官工作平台"，构建起"发现问题、分析问题、督办解决、反馈评价"的闭环工作模式。同时，部分体验官还会以暗访的形式，对鄂尔多斯市的政务环境、市场环境、法治环境、社会环境开展监督工作，以便及时调整、反馈，为打造最放心的营商环境而冲刺。

三是"安心"，即投资最安心。

具体来说，开发建设内蒙古自治区首个融资对接线上服务平台"鄂尔多斯市中小微企业信用平台"，举办"金融助企纾困"等线上线下政金企对接活动。截至 2023 年 8 月，鄂尔多斯已完成签约授信金额 883.7 亿元，向产业链核心企业发放贷款 65.5 亿元。

同时，优化涉企案件办理，开设"涉企案件绿色直通"窗口，推行"一次受理、一窗通办、一次办好"诉讼服务模式和"快速"审执工作模式。数据显示，自 2022 年以来，涉企案件平均审理时间缩短 27.8 天；在规范行政执法监督方面，对 399 户"三新企业"实施包容审慎监管，并对轻微违法行为依规免予行政处罚。

鄂尔多斯还在全市全面推行"接诉即办"。比如，打造了"接诉即办4.0"平台，整合便民热线95条、党政领导信箱51个，创新推出5G视频、随手拍等24类诉求渠道，并推行"531"和提前一天督办提醒工作机制、"137"工作法以及"三上门""四必须"服务法，实现24小时在线、移动办公、接诉即办。

数据显示，截至2023年5月底，接到诉求36.4万件，诉求响应率为100%，解决率为96.5%，满意率达到97.2%。

四是"暖心"，即服务最暖心。

鄂尔多斯真正把暖心"店小二"精神融入思想里、体现在细节中、发挥在关键处。比如，实施深化重大项目上门服务、手续集中联审等举措，并在全区首创"标准地＋带方案出让＋拿地即开工"模式，有力支撑重大项目建设，效果显著：2023年上半年鄂尔多斯实现了固定资产投资总量、增速全区双第一。

在政务服务方面，组建"您有事、我来帮"蓝马甲政务服务先锋队，为企业群众提供免费帮办代办服务。

记者在采访中发现，在鄂尔多斯市政务服务中心的代办帮办服务专区，王先生对着身着蓝马甲的几位工作人员伸出了大拇指："我不知道怎么更改营业服务信息，在这找他们'蓝马甲'，半小时就给我解决了，特别热心，有求必应！""蓝马甲"就是鄂尔多斯市打造的一支政务服务导服队伍，他们穿梭于中心的各个窗口、柜台、自助机旁，耐心地回答着往来办事企业、群众的问题。

2023年，伊金霍洛旗自然资源局开展了"伊企办"行动，通过专人盯办、政企"一起办"的形式加速重点项目审批办理。截至2003年8月，该局共推动40多个市级重点项目审批落地，推动6个审批环节跑出"加速度"。而在同一时期，鄂尔多斯已累计为260个新建投资项目，提供了1022项审批事项的代办帮办服务，促进项目投资达到 478.8 亿元。

给市场主体提供最暖心的服务，也体现主动满足企业合理需求等方面。比如，伊金霍洛旗市场监督管理局结合"商业秘密保护提升月"活动的开展，积极指导零碳产业园区内鄂尔多斯市隆基光伏科技有限公司和远景动力技术有限公司开展商业秘密保护示范点创建工作，并通过集中座谈、"一对一"访谈、调查问卷、以案释法、现场解答等方式，围绕企业商业秘密保护现状、问题、需求等，广泛开展调研走访，设立了商业秘密保护联络点，全面提升商业秘密保护水平。2023 年，前面提及的两家企业均被评为"商业秘密保护示范单位"。

五是"舒心"，即生活最舒心。

2023 年 4 月，记者沿着S214 省道一路向南，"只见道路上运煤车辆有序穿行、络绎不绝，远处的山头上更是桃红柳绿、春意萌动，一派生机盎然的景象"，禁不住感叹："最美人间四月天！"

在S214 省道 56 千米处的鄂尔多斯市伊金霍洛旗纳林陶亥镇，有一个"司机之家"。记者走进去，发现在这个干净整洁的大院里，"五颜六色的各类货车一字排开，四周高清探头 360 度无死角监控，北侧矗立着的则是一栋崭新的小二楼，旁边还配套有汽车修理店……"

一名70 后司机告诉前去采访的记者，"司机之家"有平价饭菜、住宿、超市，还有免费的洗衣、洗澡、健身、母婴室、临时休息间等场所，条件好得没的说，"真正考虑到我们司机的心上了"。

纳林陶亥镇是一个煤炭资源丰富的工业矿区，有 85 家厂矿企业，其中煤矿企业 47 家。据悉，该镇平均每天货车流量为 7993 辆，高峰时期能达到14000 余辆，考虑到常来常往、人数众多的货车司机，以车为家，工作辛苦，纳林陶亥镇党委、政府决定建设"司机之家"，并投入 850 万元推动一期项目建成投用。

营商环境的评价主体是市场主体，是企业，其核心是人。纳林陶亥镇对货车司机的关爱，是地方政府以人为核心而展开的营商环境建设。这种温暖，背后支撑的是鄂尔多斯"五心"一流营商环境建设之一的"生活最舒心"。为此，鄂尔多斯聚焦人本关怀，实施相关举措。比如，加大力度，突出做好引进企业随迁家属就业、入学、就医等生活保障，落实好住房等优惠政策。同时，出台"人才新政30条""科技新政30条"，在人才评价、团队资助、引进培养、载体建设等方面印发实施15项配套办法，建成投用西北地区最大的人才科创中心，启动建设国家可持续发展议程创新示范区。据悉，仅2023年，鄂尔多斯财政预算安排人才科技支出就有11.16亿元，同比增长了近一倍。

"五心"营城，对于鄂尔多斯的市场主体来说，是扎根成长的良田沃土，是创新创业的展示空间；对于鄂尔多斯来说，它是城市实现高质量发展的"永动机"，更是人民幸福生活的奠基石。

## 鄂尔多斯企业有话说

**内蒙古鄂尔多斯资源股份有限公司总经理：**
**见证鄂尔多斯的幸福感**

鄂尔多斯集团创建于1979年。2001年"内蒙古伊克昭盟"正式更名为"内蒙古鄂尔多斯市"，从此我们企业自豪且荣幸地与城市同名。

鄂尔多斯集团以营业收入716亿元位列"2023中国民营企业500强"的第144名、内蒙古民营企业第二名，累计纳税超400亿元，是国家级技术创新示范企业。集团的茁壮成长始终依托于鄂尔多斯城市的繁荣发展，也全方位见证了鄂尔多斯城市的幸福感。

提到鄂尔多斯的幸福，可能大家的第一反应仅仅是"鄂尔多斯市以人均GDP 25万元排名全国第一"这个富有的印象；事实上，鄂尔多斯的幸福感超乎想象。

幸福感不仅来源于"资源富有"，更是来源于"工业富强"。鄂尔多斯不仅是资源能源型城市，更是新型现代工业强市。近年来，鄂尔多斯市确立了建设四个世界级产业的战略目标，在承担建设国家重要能源保障基地的同时，加快构筑绿色低碳制造业新格局。"十四五"末，全市新能源装机将突破5000万千瓦，新能源产业产值将突破5000亿元。

企业家幸福感来源于全社会的尊重与爱护。各行业企业家翘楚们热衷投资鄂尔多斯的背后是市委和各级政府"倾心招募""尽心服务""用心守护"的感召。新型政商关系下，市委、市政府为企业发展"大方站台""大声点赞""大力表彰"。"全市优化营商环境大会"多年作为迎春第一会召开，在社会中倡导充分尊重企业家、包容企业家、保护企业家，营造全国一流优秀营商环境，鼓励与扩大"有效市场"的主体地位。

企业家幸福感来源于鄂尔多斯市投资于未来和民生的坚定决心。全市锚定建设全国一流科技创新生态，出台"人才新政30条""科技新政30条"，建立财政科技投入逐年递增15%机制，并引进尖端高校共同组建鄂尔多斯市国家级实验室、能源研究院、碳中和研究院，帮助企业靠近人才、走进科研。

以我们企业为例，在市政府"飞地人才政策"的助力下，我们与上海交通大学化工院共建了联合研发中心，目前拥有硕士及以上学历研究员70名，为我们成功突破建设全球首套无汞电石法氯碱生产装置等重大技术课题发挥了关键作用。

行而不辍，未来可期。美丽的鄂尔多斯欢迎您，请您到鄂尔多斯来！

（内容源自"企业家幸福感营商对话暨制造业立市苏州论坛"，有删节。）

## 远景北方科技有限公司鄂尔多斯总经理：
## 当地政府从五个方面给予大力支持

远景科技集团（以下简称远景）以"为人类的可持续未来解决挑战"为使命，致力于推动全球绿色能源转型，通过技术创新让风电和储能成为"新煤炭"，电池和氢燃料成为"新石油"，智能物联网成为"新电网"，零碳产业园成为"新基建"，同时培育绿色"新工业"体系。

在伊金霍洛旗，远景总规划投资产能100GWh储能和动力电池项目。

远景在伊金霍洛旗的布局与规划，一方面得益于"风光无限"的可再生资源，另一方面是伊金霍洛旗政府打造的优良的营商环境。

远景在伊金霍洛旗的项目开展如此迅速和持续的扩建规模，离不开当地政府给予的大力支持，主要有如下五个方面。

一是加速产业落地。为了高效推动一期工程的落地以及推动零碳产业园招商引擎的落地，伊金霍洛旗贯彻了链长制的招商引资的机制，专门成立了工作专班，实现专人专班容缺受理代办帮办服务，积极协调自治区各级有关部门落实产业的需求，形成了零碳产业园建设的13项主要分工，12项重点事项以及8项议定事项，持续跟踪，进一步推动产业园调整。

二是加快施工建设。远景动力电池工厂面临着工期短、难度大和要求高的挑战。为此伊金霍洛旗政府协调各部门组织跨职能工作专班，与远景公司混编，政府部门深入一线，以"问题不过夜，春节不停工"的原则推进项目建设，开创了工业级大厂房鄂尔多斯冬季施工等先例。

三是加强人才引进。一方面，帮助我们招引人才，帮助我们在市内甚至跨省举办招聘会；另一方面，打造人才体系，发动市内专班，并形成了委培关系，专门成立了一家新能源学院，这让我们深受触动，也是我们持续投资的信心所在。

四是加快市场拓展。伊金霍洛旗政府协同工信、能源局多次召开供需推介会，积极帮助我们的产业在辖区内外协调相关的储能订单和新能源重卡的订单。

五是加大基础保障。伊金霍洛旗一直坚持"标准地＋承诺制"，现在已经完成了 400 万平方米的标准地的打造，并且做到了"签约即拿地，拿地即开工"；为创业以及产线人才提供了"青青客舍"，让我们做到无后顾之忧；加大园区内的生产生活设施建设，比如说污水处理厂、商业综合体等；出台人才住房政策。一系列的动作增强了我们持续进行产业投资的信心。

（内容源自"企业家幸福感营商对话暨制造业立市苏州论坛"，有删节。）

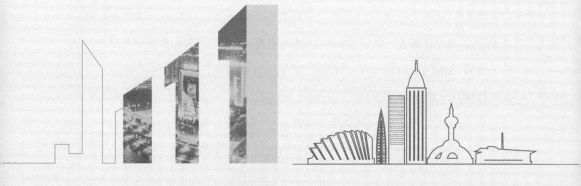

# 11

温

州

打造更具活力的"千年商港、幸福温州"

# "四千"精神助力"温度"营商

什么情况下，一个城市会公开向另一个城市诚挚且谦虚地"表白"？

2023年8月，湖南日报社"新湖南"客户端刊发了一篇题为《学习温州温度 力促营商为赢商》的报道。文章直言，作为浙江民营经济的发源地，温州直面经营主体需求，聚焦企业困境和迫切需求，持续深化企业投资项目高效审批改革创新，在确保安全的前提下，让企业投资项目早开工、早投产、快融资，极大提振了企业投资信心。

这篇报道透露，湖南娄底在8月15日召开重点产业项目调度会，有关部门现场办公，并按企业诉求在计划时间节点解决供地问题，像温州一样做到"拿地即开工"，以便项目尽早开工投产。

同样在2023年8月，国务院办公厅督查工作信息专篇刊发了温州一系列"利企、安企、暖企"新举措，其中通报表扬了温州"拿地即开工"的改革实践。而在更早时候，该项创新已被评为浙江省自然资源系统改革创新优秀案例和温州市改革突破奖金奖。

和原有审批制度相比，"拿地即开工"有何创新？

答案就是字面意思：拿地，即开工。这大大降低了企业办事成本。具体来说，温州的"拿地即开工"，是由资规部门先行对项目设计方案进行实质审查，出具预审查意见，并联合发改、住建部门将各自前期许可"化串联为并联"，企业拿地后即实现备案、用地、方案、工程"多证齐发"，建设许可审批时限从原来的 18 个工作日压缩至最少 1 个工作日。

从 2022 年到 2023 年 8 月，温州已有 35 个新建工业项目实现了拿地到领证的"零时差"。

位于瑞安塘下的浙江远征汽摩附件有限公司，由于扩大产能，准备改扩建建筑面积 6300 平方米，拟建 1 幢 5 层车间。瑞安市政务服务中心办事人员把建筑工程竣工验收备案表和不动产权证书等送到这家企业，该企业行政部负责人难以置信，以前办证至少要半个月以上，这次竟然一天就办好了，"服务太周到了！"

企业的惊喜源于"竣工即领证"改革。从 2022 年开始，瑞安市政务服务中心持续推进企业投资项目促产"一件事"改革，建立工作专班群，协同住建、资规部门推进企业投资项目"竣工即领证"，最大限度地做好企业服务。

温州的"拿地即开工、预验即试产、竣工即领证"实践，是温州实施企业投资项目"一件事"改革的主体内容。该项改革聚焦企业投资项目审批领域，通过系统重塑、流程再造、制度规范，推动实现企业投资项目开工审批、预验试产、竣工领证、高效融资等全闭环"一件事"集成服务，促进企业投资项目早开工、早投产、早领证。

温州市企业投资项目促产"一件事"改革经验做法是温州在提振民营企业发展信心、促进民营经济健康发展方面的探索之一。

2023 年 2 月 8—9 日，国家发展改革委法规司有关领导和浙江省发展改革委等到温州开展营商环境专题调研，对温州在营商环境建设上做出的积极探索和取得的成效表示肯定，并建议温州及时总结改革试点经验，为全国营商环境建设提供鲜活温州经验。

温州希望不负所托，在营商环境建设改革创新方面边探索边总结，探寻助推城市高质量发展的营商环境建设基本规律和发展趋势。

在 2022 年温州市第十三次党代会上，温州明确提出打造"千年商港、幸福温州"，把"幸福"上升到城市定位和品牌形象的高度，号召全市上下为"幸福"二字奋斗，全方位提升温州的获得感、幸福感。对于企业家而言，温州能提供什么样的幸福感来源？换句话说，温州用什么来提升企业对于这个城市的幸福感？

## 温州版"一号改革工程"：在关键处发力

温州认为，企业家对于温州的幸福感，来源之一是亲清统一的政商关系。温州坚持把民营企业和民营企业家当作自己人，为此设立全国第一个"民营企业家节"，开展温州实力民企 100 强评选，授予企业主家"瓯越卡"，其在推荐担任人大代表、政协委员、劳动模范等方面予以优先考虑，在交通出行、子女教育、医疗就医、景区游览、健身服务等方面享受极高礼遇。与此同时，温州发布了"满天星"计划，在全国率先提出打造"中小微企业友好城市"，并在全国率先建立"两个健康"评价指标体系，精准反映民营企业家健康成长情况。温州在着力构建亲清统一的政商环境的过程中，细化制定党员干部"八个允许""八个不准"和民营企业"七个不得"，为政商交往清晰划出"安全区"和"雷区"，建立 22 个清廉民企示范点、1.2 万个企业效能监测点，落实民企精力减负 20 条等。

"稳企必先安商"的普遍共识，则是温州提供给企业的幸福支撑。温州知道，有恒产才有恒业，因此需要打造长期、稳定、可预期的营商环境。

营商环境建设属于浙江的"一号改革工程"。在 2023 年"新春第一会"上，浙江省委提出要实现营商环境优化提升"一号改革工程"大突破，浙江省政府工作报告也提出要加快打造营商环境最优省。

那么，对于温州这个一直致力于营商环境建设的城市来说，它在这个赛道上会跑出怎样的加速度？换句话说，温州版"一号改革工程"，如何谋划？如何实施？

2023 年 8 月 23 日，温州市人大发布信息，就《温州市民营企业科技创新促进条例（草案）》公开征求意见，征集意见的截止日期为 2023 年 9 月 25 日。这意味着，随着这项立法程序的完成，2023 年温州推动营商环境改革首批 10 项突破性举措的改革方案全部进入扎实推进的实施阶段。

2023 年 4 月 28 日举办的温州营商环境优化提升"一号改革工程"新闻发布会上，温州详细公开了已有的营商成绩。

温州自 2018 年成功获批创建新时代"两个健康"（非公有制经济健康发展和非公有制经济人士健康成长）先行区以来，就树起"民营经济看温州"标杆，并持续深化"最多跑一次"改革、数字化改革、法治化改革，不断推进简政放权，大力减税降费，改革完善市场监管体制机制，推动政务服务网络化、标准化、便利化，全面激发各类市场主体活力，成效显著。

以 2022 年为例，温州全市生产总值（GDP）首次突破 8000 亿元大关，达到 8029.8 亿元，同比增长 3.7%，高于全国 0.7 个百分点、全省 0.6 个百分点；在"万家民营企业评营商环境"中，温州连续两年位居全国地级市第二；惠企利民政策直达快享改革、企业投资项目促产"一件事"改革、涉企鉴定评估"最多评一次"改革、涉企柔性执法改革、"重整企业"信用修复体系建设、"科创指数"融资模式等一大批典型经验已经在全省、全国推广。

2022 年末，温州市在册市场经营主体 130.3 万户，与 2002 年（23.1 万户）相比，增加 107.2 万户，年均增长 9.0%；其中，民营企业 38.9 万户，个体工商户 90.4 万户，与 2002 年相比，年均分别增长 14.0%、7.8%。截至 2023 年 6 月底，温州全市在册市场经营主体总量已达 136.1 万户。

上述数据显示了温州市场主体活力十足，这和温州营商环境的优化密切相关。即便如此，温州也深知，要在新一轮城市营商环境赛道上跑出新成绩，需要新谋略。

2023年4月27日，温州市十四届人大常委会第十一次会议表决通过了《关于深入实施"一号改革工程"打造市场化法治化国际化一流营商环境的决定》（以下简称《决定》），为温州优化提升营商环境凝聚共识。

次日又召开新闻发布会，其目的之一，就是向大家介绍温州版"一号改革工程"的思路、方案等。在现场，温州有关领导向在场媒体朋友分享了温州今后一个时期推动营商环境改革的实施方案，明确了任务书、作战图。

温州营商环境改革的总体系架构称为"155N"。

"1"，即围绕"争创国家第二批营商环境创新试点城市，打造全国营商环境改革标杆城市"这个总目标。

第一个"5"，即着力推动政务、法治、市场、经济生态、人文等五大环境优化提升。

第二个"5"，即在"一号改革工程"推进过程中深入开展涉企问题化解、国家试点争创、特色品牌推广、省级评价创优、硬核举措攻坚等五大专项行动。

"N"，即推出N条改革举措。截至2023年4月，温州共推出267条改革举措。

上述内容也是温州营商环境改革的主要发力点，在《决定》中有相关阐释。

比如，温州提出，要持续深化新时代"两个健康"先行区建设，通过立法设立民营企业家节、颁布实施促进条例，建成世界温州人家园，企业减负超千亿元，营商环境跻身全国第一方阵，入选首批全国民营经济示范城市创建城市。其中，"最多跑一次"改革提质扩面，金融综合改革、农村"三位一体"综合合作改革、"大综合一体化"行政执法改革等走在全国前列。

而作为实施"一号改革工程"的开局之年，2023年对温州至关重要。为此，温州聚焦企业和群众感受最直接、反映最强烈的痛点、堵点，推出首批 10 项突破性举措，以期在 2023 年逐个突破。

## 用"四千"精神亲企爱企帮企

温州营商环境改革的成功与否，市场主体说了算，甚至可以说，企业家说了算。因此，营商环境改革的任何举措，都是为企业服务而生，为企业发展而存在。而助力城市高质量发展的温州市营商环境改革，已经驶入改革深水区，温州必须拿出自己独创的"四千"精神，让市场主体更有获得感、安全感和幸福感。

"四千"精神与"温州模式"相伴而生。1985 年 5 月 12 日，《解放日报》刊发题为《温州 33 万人从事家庭工业》的深度报道，同时配发《温州的启示》评论文章，首次提出"温州模式"，并提炼为"四千"精神，即"走遍千山万水、吃尽千辛万苦、想尽千方百计、说尽千言万语"。

就像温州人所说，敢为人先的温州人昔日凭借"四千"精神走出大山、走向全国全世界，用敏锐、勇气和勤劳，书写了一个个"温州一家人"的创业创新故事，见证了诸多的"全国第一"在这座城市诞生：中国第一张个体工商户营业执照、第一家民营包机公司、第一个小商品市场、第一座农民城……

这种筚路蓝缕、披荆斩棘的创业精神，如今成为温州版"一号改革工程"砥砺前行的加速器。

第一，"走遍千山万水"，助企服务要"一路到底"。

以温州乐清市的"两个健康"直通车为例。2023 年上半年，乐清举办了 14 场"两个健康"直通车活动，共收集企业问题 81 个，已化解 74 个，化解率 91.35%，受到了企业的广泛好评。

媒体报道了其中一个案例。一家名叫新亚电子的企业搬到新厂房后，出现办公厂房通水管道出水不畅通等情况。没想到,乐清市四套班子领导带队"走下去"的"两个健康"直通车开进了这家企业,政企直面沟通、诉求直办答复、服务直达现场。恳谈会上,工作人员除了发现该企业的用水问题外,还得知该企业存在员工子女就近入学难、高层次人才引进难等问题。很快,乐清水务部门的工作人员上门"体检"并疏通管道,同时,该企业所在的北白象镇联合乐清市教育局入企协调就近员工子女入学问题,乐清市委组织部人才办也想办法招引高层次人才落户该企业。

企业自然也感受到如此温暖、贴心的"一对一"服务。该企业的一位高级管理人员说,"两个健康"直通车活动为企业送来了"及时雨",我们深切地感受到了"自家人"的温暖,真切体会到了"企业有所呼、政府有所应"。

乐清的助企服务早已成为一套行之有效的全天候受理、全方位服务、全要素保障的服务企业工作体系。这里首创的民营企业服务驿站,以中小微企业为主要服务对象,提供定点轮值咨询、即时网络回复、预约上门指导、专家授课讲座、集中现场办公等服务,全方位启动"企呼我应"服务模式。截至2023年7月,乐清已在19个乡镇(街道)推设民营企业服务驿站,帮助企业办理难事、实事543件。

营商环境持续优化提升,不断增进市场主体认同感的同时,更推动了乐商回归、项目回归、总部回归。从2018年至2022年底,乐清累计招引亿元产业项目230个,其中10亿元以上项目40个,有9家世界500强企业落户乐清。

以企业实际需求为导向,想企业之所想、急企业之所急、解企业之所困,乐清不断增进市场主体认同感,也获得了丰厚的回报。2023年第一季度,乐清的市场主体总量突破21万户,实现规上工业增加值91.11亿元。

第二,"说尽千言万语",实现惠企政策直达快享。

温州的"惠企利民资金直达智控在线平台",是2022年度浙江省优化营商环境"最佳实践案例"。截至 2023 年 2 月底，温州兑付直达惠企资金 293 亿元，涉及企业 35 万户次。

"惠企利民资金直达智控在线平台"归集了温州市所有涉企和个人的奖补政策，实现了一张清单全覆盖、一个系统全集成、一个窗口全受理。83 个政策文件、4314 个惠企条款被梳理归集，形成全市域一张产业政策清单；各级财政、主管部门、银行机构等 61 个业务系统被打通，实现省市县三级业务全覆盖、全贯通；全市 836 个单位、6168 位工作人员从线下办理搬到线上服务，实现 24 小时服务不打烊。

借助"惠企利民资金直达智控在线平台"的"预先拨付"模式，瑞安市万隆化工有限公司申请的 1200 万元智能化技改项目补助的部分资金提早了一年到账。该公司负责人说，652 万元补助资金提前到账，有效缓解了公司的资金压力。

在温州，不断迭代升级的惠企政策"直通车"，已实现市域全覆盖、部门全覆盖、奖补项目全覆盖、系统全覆盖、过程全覆盖。

温州瑞安的浙江胜华波电器股份有限公司是我国汽摩配行业的龙头企业，该企业生产的汽车座椅电机占全球市场约 11%，汽车雨刮器产品占中国市场近 1/3。2023 年，这家公司陆续收到多个政策"红包"，共计近 1200 万元，涉及稳岗专项补助、智能化改造奖补、省绿色工厂奖补等多个项目。

为了实现惠企政策直达快享，瑞安市财政局、经信局工作人员专门向这家公司讲解相关的惠企政策、申请流程等。

该公司负责人接受媒体采访时表示，公司拿到超千万元奖补资金后，继续投入智能化改造、新产品研发等方面，增强企业竞争力。在全球汽车产业下滑态势明显的局面下，公司的销量虽有所下滑，但总体利润逆向增长，这得益于企业智能化改造、技术升级、新产品研发。

"政府帮扶力度很大，尤其是奖补资金发放速度非常快，就像一场'及时雨',让我们企业吃了'定心丸'。在这个困难时期,有了政府的支持,我们发展信心更足了。"该公司负责人说。

温州有关材料显示,浙江胜华波只是瑞安市大力帮扶的企业之一。2023年,瑞安市密集出台了稳经济10个方面48项措施、"纾困解难"54条政策和"减负纾困"30条政策,整体上形成了"1+10"产业政策体系。其中,加快涉企资金兑付进度便是稳经济10个方面48项措施中的一项。瑞安市经信局工作人员介绍,他们会定期开展走访服务,把企业目前能够享受优惠政策的渠道和方式讲清楚、讲透彻,帮助企业最大限度地享受政策红利。

截至2023年7月,瑞安已兑现惠企资金5.8亿元,完成年预计兑现率超80%,比2022年增长1倍,惠及4000余户市场主体。

第三,"想尽千方百计",帮助企业精准谋略。

温州营商环境的优化,还在于对内帮助企业"问诊把脉"治未病,对外提示风险化解疑难杂症,为企业健康加上"安全锁"。

2023年6月底,温州瑞安市正式上线了"瑞企通"助企线上服务平台。通过丰富数字治理方式,该平台将以化解企业难题为切入口,专门替企业解决需多方协调的"疑难杂症"。

瑞安市"两千"办相关负责人介绍,"瑞企通"将实行反映问题的闭环式化解服务机制,推出企业反映问题"交办—反馈—销号"的闭环办理机制。同时还成立了由瑞安各条线分管市领导为组长的八大助企服务协调组,致力于打造高效、有力、透明、及时化解企业问题的创新平台。"在为企解难题的过程中,组长可随时通过浙政钉查看问题办理流程,并介入批示。比如,企业遇到难题,能在该平台上进行'专家会诊',以最精准、高效的方式,为瑞企解难题。"该负责人说。

据了解,"瑞企通"平台除了是政府与企业的沟通桥梁,还是助企工作的"智能监督员"与"智能反馈员"。平台设置"黄橙红"三色预警督办机制,对各组助企工作进行全流程监督，对进展滞后事项进行三色分级预警，督促各承办单位按期落实办理意见；同时，为专精特新"小巨人"企业、领军企业等重点企业开辟绿色通道，企业有问题可以"预约上报"，一键直达该市分管市领导，快速落实。

第四，"历尽千辛万苦"，做好企业的坚强后盾。

企业竞争靠什么？人才！

2023年以来，温州瑞安开出多个"引才专列"，到全国各地帮企业"抢"人才，已开往湖南、福建、黑龙江等多个省份。

按照瑞安的计划，2023年要开展100场以上巡回招聘会。截至5月底，瑞安已组织各类招聘会63场次，累计吸引3742家企业的6.2万个岗位，达成就业意向1.7万人次。

帮助企业抢人才，需要精准发力。瑞安提前摸排企业用工需求，精准编制紧缺岗位目录，在全国范围内筛选与瑞安产业匹配的人才集中地。

不仅如此，瑞安还组织企业"走出去"抢人才。比如，2023年3月，瑞安就组团15家知名企业，带着360个岗位需求，在哈尔滨举办了高层次人才精准预约洽谈会，经前期专职邀约团队预约，200余名高层次人才来到现场，62名人才当场达成初步就业意向。

此外，瑞安还积极与重庆、成都、苏州等地产业园签订合作协议，逐步推动多地人力资源服务共享，帮助瑞安精准引进人才；瑞安和四川、黑龙江等人才输出省份人力社保部门也建立了友好合作机制，在当地设立高校联络站，搭建人才精准输送链。

"深化企业外来用工子女入学便利化改革"，是2023年温州营商环境优化提升"一号改革工程"十大突破性攻坚举措之一。也就是按照"市民化待遇、人性化管理、亲情化服务"要求，深化落实"企业外来用工子女入学保障措施25条"，推进入学条件便利化、优待认定便利化、报名登记便利化、政策知晓便利化，加快打造"来了就是温州人"的教育共富新场景，增强企业及外来用工子女的获得感、归属感。

2023 年，温州要实现随迁子女就读义务教育公办学校比例（含政府购买学位）达到 99%，符合条件的义务教育阶段随迁子女在家长常住地 100% 入学。

高质量发展需要什么样的营商环境？温州用"四千"精神积极探索，努力创新，书写优化营商环境的"温州故事"，和企业家一起"续写创新史、走好共富路、争创先行市"，打造更具活力的"千年商港、幸福温州"。

## 温州企业有话说 ▶

### 森马集团党委书记：

#### 温州的营商环境不断创新和进化

作为一家起源于温州的民营企业，森马扎根温州 27 年。在和属地政府长期的接触中，我们深刻感受到，温州的营商环境能始终随着时代趋势和企业需求不断创新和进化。

具体来说，我们有三点深刻的亲身感受。

一是民营企业在温州有最高礼遇。

"千年商港、幸福温州"，骨子里就拥有经商基因的温州人，对商人始终非常尊崇。作为"四千"精神和民营经济发源地的温州，是全国打造"两个健康"发展的先行地和示范区，每年都会围绕"民营企业和民营企业家"开展大量活动。民营经济高质量发展大会、民营企业家节活动、多重企业支持政策、多项社会荣誉认定，都能让我们深刻感受到党委、政府对民营企业家的关爱。2018 年，温州在全国率先以立法形式设立民营企业家节，在每年的节日前后都会举办一系列宣传活动，在全社会广泛传播重商文化和弘扬企业家精神，不仅让民营企业家在温州有了更多荣誉感、归属感和成就感，也大大提升了民营企业家的社会地位，让企业家有更多信心、安心、放心在这里创新创业。

二是民营企业在温州有最优政策。

近几年，受全球经济和世界疫情影响，企业发展面临严峻挑战，各级党委、政府千方百计帮助企业解难题、树信心。从政策落地上看，温州统筹整合财政资金，从产业扶持、消费升级、融资支持等方面帮助企业。温州率先创立的惠企直通车项目受到全国关注，奖补政策、申报到账实现"一目了然、一键直达、一次受理"。2022年，森马享受财政补助资金达4.3亿元，其中留抵退税3.64亿元，给企业迎接挑战腾足了回旋空间。所以我们在温州、在瓯海的惠企政策获得感非常强。

三是民营企业在温州有最大支持。

应该说，温州对民营企业的支持，是真的把民营企业当作自己人、当作家人。从护航企业大型项目上看，比如在疫情最艰难的时候，帮助我们成功举办了两场涉及近3000人次的订货会，让我们非常感动。从法治环境上看，对内，瓯海区纪委和区公安在森马内部设立监察和经侦联络站，帮助我们有效地打击内部腐败，挽回经济损失近3000万元。对外，法院长期指导我们维护品牌知识产权，公安长期坚持在全国范围内打击假冒伪劣，成功破获多起重特大假冒伪劣刑事案件，对保护知识产权形成有力震慑。除了大项目支持和法治支持，温州针对森马的土地要素配套、外地员工子女就学、政务窗口服务等企业需求，安排政府主要领导与助企服务专员对接，一对一服务，对外事务一人对接。可以说，温州的政务环境、法治环境、市场环境、产业环境、人文环境给了企业家强烈的幸福感，这也更加坚定了我们继续把总部扎根温州、扎根瓯海的决心。

（内容源自"企业家幸福感营商对话暨制造业立市苏州论坛"，有删节。）

## 奥光动漫股份有限公司董事长：
## 幸福瑞安让企业更好成长

30多年前，奥光只是位于偏僻山村的小作坊，今天已成为在杭州、丽水、广州等地拥有多家分支机构的规模企业，获得国家级文化出口重点企业、国家高新技术企业、国家版权示范单位、浙江省文化产业示范基地、浙江省名牌等多项荣誉称号并连续多年列入瑞安市工业企业五十强。

在奥光发展过程中，我们切身感受到瑞安在优化营商环境方面所作出的巨大努力：减税降费，简化审批流程，提高政务服务效率；加大交通、通讯、能源、供水基础设施建设，为企业的发展提供有力的基础保障；设立科技孵化器、创业园等创新载体，为企业提供了资金、技术、人才等全方位的支撑，为企业的创新发展提供强大的动力。所有这些，让我们感受到瑞安市委、市政府对企业发展全生命周期的呵护。

（内容源自"企业家幸福感营商对话暨制造业立市苏州论坛"，有删节。）

## 台邦电机工业集团有限公司董事长：
## 在乐清，政府与企业"双向奔赴"

规上工业总产值超2000亿元，数字经济发展综合评价居全省第五，综合竞争力跃居全国县域经济百强县市第13位——这张亮眼的成绩单背后，是一名乐清企业家感受到的乐清政府对企业发展和企业家成长给予的帮助和支持。

　　乐清以"极优"的政策支持、"极强"的法治保障、"极佳"的政企互动和"极美"的宜居宜创业环境，引来了政府与企业的"双向奔赴"，乐商反哺家乡发展，带动产业兴旺。据不完全统计，2018年至今，乐商回归项目数量达 82 个，总投资达 458.81 亿元。

　　　　　　（内容源自"企业家幸福感营商对话暨制造业立市苏州论坛"，有删节。）

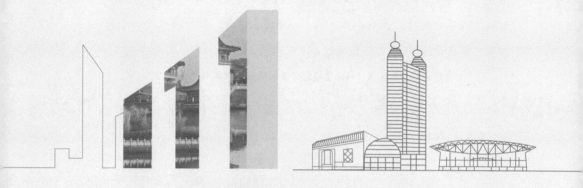

泰

州

专业化，是泰州优化营商环境的核心竞争力

# 专业"赢"商构筑高质量发展"引力场"

什么是健康？什么是幸福？健康和幸福有什么关系？

在泰州看来，健康就是发展，健康就是幸福。"健康名城、幸福泰州"，是江苏省泰州市不断强化的城市形象。

大健康产业被称为"大产业、大财富、大民生"。近年来，泰州市依托国家级医药高新区和一批全国医药制造百强企业，积极推进大健康产业"药、医、养、食、游"融合发展，大健康产业成为泰州市的标志性产业。加快推动大健康产业高质量发展，也因此成为泰州高质量发展的头部任务。

甚至可以说，在泰州，大健康产业被赋予了类似产业发展灯塔的地位。一个有力的证据是，2022 年泰州市委工作会议确立了"一个产业体系、四个特色产业集群"的发展新定位。

2023 年 1 月，泰州有关负责人向媒体介绍全面推进中国式现代化泰州新实践时指出，"泰州以推动大健康产业高质量发展为引领，突出打造'一个产业体系、四个特色产业集群'，着力构建产业链条完备、产业特色鲜明、领先优势突出的战略性新兴产业集群体系"。

在泰州的布局中，"一个产业体系"即大健康产业体系，也就是以医药制造、医疗服务、养生养老、健康食品、康养旅游为特色的产业体系。泰州提出，力争到"十四五"期末，大健康产业达到 4000 亿元规模。"四个特色产业集群"即海工装备和高技术船舶、汽车零部件和精密制造、化工及新材料、光伏和锂电产业集群。泰州提出,力争到"十四五"期末,"四个特色产业集群"突破5000亿元规模。

2022年11月20日,江苏省委、省政府出台《关于支持泰州大健康产业高质量发展的意见》,形成了一揽子综合性、集成性支持政策。对于泰州来说,这意味着泰州大健康产业迈上由"大"到"强"、高质量发展的新起点。泰州抓住这个新的战略性机遇,在随后印发的《关于贯彻落实省政府推动经济运行率先整体好转若干政策措施的实施意见》中强调,推动大健康产业高质量发展,用足用好江苏省支持泰州大健康产业高质量发展相关政策。

数据显示,2022年泰州大健康产业体系完成规上工业总产值超过1700亿元,其中医药产业规模占全国的1/20、江苏的1/5,连续19年领跑江苏。2023年,泰州大健康产业规模突破3000亿元。

大健康产业企业作为创新主体也渐成规模。截至2023年8月,泰州市大健康产业科技型中小企业达316家、高新技术企业达165家、省级瞪羚企业达19家、潜在独角兽企业达8家。

泰州拥有全国唯一的"部省共建"国家级医药高新区、全国唯一的新型疫苗和特异性诊断试剂产业集聚试点、全国唯一的长江经济带大健康产业集聚发展试点。生物医药、海工船舶产业入选国家先进制造业集群,总数占到江苏的1/5。2020—2022年,泰州GDP平均增速位居江苏省第一。

作为江苏省辖地级市,泰州如何实现大健康产业从无到有、从小到大、从弱到强的转变?泰州,用什么来托举大健康产业体系的高质量发展?换句话说,泰州用什么样的营商环境,构筑高质量发展"引力场"?

## 提供"如鱼得水、如鸟归林"的发展环境

在泰州的蓝图中，大健康产业体系的加快构建需要"全市域协同发力，强化体系集成、规划集成、政策集成、平台集成、人才集成，依托医药产业坚实基础，推进前延后伸、跨界融合"。如果拆解这些支持元素，我们会发现，政策、平台、人才等均属于营商环境软实力的打造。

2023 年 9 月，泰州有关部门负责人员在"企业家幸福感营商对话暨制造业立市苏州论坛"上推介泰州"泰好办"城市营商名片时，列举了几个案例。

总投资 120 亿元的盛虹动能项目，在泰州市行政审批"超时默认制"的助推下，从项目备案到施工许可审批总用时仅 8 个工作日。

总投资 60 亿元的天德湖奥莱项目，在泰州推行工程施工许可证分阶段办理新模式助力下，先获得"桩基础施工许可证"，成为首个"桩基先行"项目。

总投资 8 亿元的艾美健康超级疫苗工厂项目，只用 1 个工作日就完成项目备案，这是泰州设立大健康产业项目全链审批专窗、帮办代办专员服务专班的新速度。

这名负责人员在总结泰州近年的营商环境建设时表示，近年来，泰州持续打造"泰好办"营商环境品牌，在做好政策、市场、政务、法治、人文"五个环境"建设的基础上，为各类企业提供"如鱼得水、如鸟归林"的发展环境。

2023 年 8 月 31 日，国家药监局网站发布《国家药监局海关总署关于增设泰州市泰州港口岸为药品进口口岸的公告》："根据《中华人民共和国药品管理法》，经国务院批准，同意增设泰州市泰州港口岸为药品进口口岸。"自发布之日起，除《药品进口管理办法》第十条规定的药品外，其他进口中药（不含中药材）、化学药品（包括麻醉药品、精神药品）可经由泰州市泰州港口岸进口。

该公告显示，增加泰州市市场监管局为口岸药品监督管理部门，由其承担泰州港口岸药品进口备案的具体工作。泰州市药品检验院为泰州港口岸药品检验机构。自公告发布之日起，泰州市药品检验院开始承担泰州港口岸的药品口岸检验工作。

对于大健康产业体系的建设来说，这无疑又是一个利好。有材料显示，泰州港口岸辐射了泰州及邻近城市的医药企业，增设后结束了长三角地区长江以北没有药品进口口岸的历史，有利于提高企业效率，降低物流成本，解决制约企业发展的供应链堵点、难点问题，有利于企业布局全球新药研发赛道，加速泰州医药产业融入全球医药研发制造业体系。

类似的好消息也凸显出泰州以专业化服务作为营商环境竞争力的优势。比如，近年来已着力构建覆盖生物医药产业全链条的高效服务体系，成功打造了江苏省首个药监综合体，江苏省药品监督管理局审评核查泰州分中心也在全省率先获得二次赋权，赋权事项全省最多，实现企业申报事项"就近"受理、"就近"审评、"就近"沟通、"就近"服务。

对泰州的公职人员来说，这似乎成为其专业能力的一部分，即从城市发展的高度和市场主体的角度出发，充分认识到营商环境是城市发展的生命线，切实增强优化营商环境的思想自觉和行动自觉。

专业化推进营商环境建设，意味着泰州市在一体化推进政策、市场、政务、法治、人文"五个环境"建设中整体提升营商环境的专业水平。

泰州表示，要以更高标准打造惠企利民的政策环境，以更大力度打造活力迸发的市场环境，以更优服务打造便捷高效的政务环境，以更严规范打造公正透明的法治环境，以更实举措打造亲商安商的人文环境；要全力以赴集中解决企业和群众反映强烈的痛点、难点、堵点问题，多措并举补短板、抓整改、促提升、见成效，真正让国企敢干、民企敢闯、外企敢投，让一流的营商环境成为泰州的鲜明特质，让泰州成为企业家投资兴业的沃土，努力以营商环境的大提升换取经济社会发展的高质量。

在如此清晰的"赢"商逻辑下，泰州有条不紊地推进各项举措和行动。

2022年9月，泰州启动营商环境"大走访、大排查、大整治、大提升"百日攻坚行动，成立由市委、市政府主要领导任组长、相关市领导任副组长、相关部门（单位）主要负责人为成员的工作领导小组，建立了"1＋6＋N"协同工作机制，统筹推进各项工作。

截至2023年2月，该行动共收集各类问题线索242条，解决率达94.2%。其中，泰州市纪委监委聚焦行政审批中介服务领域，开展了行政审批中介服务领域突出问题专项治理，共立案审查调查106人，其中留置16人、给予党纪政务处分71人。

2023年，泰州的营商环境优化工作重点可以总结为"一二三"，也就是"一部法规""两张清单""三项机制"。

"一部法规"即《泰州市优化营商环境条例》。泰州贯彻落实国务院《优化营商环境条例》《江苏省优化营商环境条例》，对标世行指标和国家、省营商环境评价体系，并总结归纳泰州先行突破、行之有效、广受好评的一批优化营商环境改革举措，制定出台《泰州市优化营商环境条例》。

"两张清单"是指《泰州市2023年优化营商环境的创新任务清单》《泰州市优化营商环境柔性执法规范》。泰州不仅聚焦市场主体所需所盼，而且切实将柔性执法、人性化执法贯穿营商环境行政执法全流程，全面提升执法质量和服务效能，不断提高社会满意度。

"三项机制"是指项目审批超时默认制、困难问题征集协调机制、涉企检查备案制。泰州全面推行项目审批超时默认制，对所有亿元以上产业项目，由各级行政审批部门组建帮办、代办专班，负责全程帮办、代办服务，各审批部门在承诺时限内办结审批事项，未能办结的视为默认同意并进入下一项流程。泰州探索建立困难问题征集协调机制，市县两级营商办充分履职尽责，围绕政策落实、项目推进、涉企服务三条主线，定期组织困难问题和意见建议征集梳理，并开展明察暗访，对发现损害营商环境的典型案例予以通报曝光。泰州探索建立涉企检查备案制，各执法部门按时上报年度、季度或月度执法检查计划，具体执法检查前上报执法检查对象、检查事项及"双随机"抽查情况，相关部门组织对执法检查事项进行初步审查和备案，并进行合理归并、统筹安排，强化联合执法检查，着力解决多头执法、重复执法问题。

截至 2023 年 8 月 15 日，泰州市人大已经结束《泰州市优化营商环境条例（草案）》（以下简称《条例草案》）的意见征集。

《条例草案》内容翔实细致，富有泰州特色。比如，在"人文环境"部分，泰州提出加强对兴化垛田等世界文化遗产的保护和发掘力度，传承和弘扬溱潼会船等非物质文化遗产，运用"泰州早茶"搭建政企交流平台，打造泰州特色营商服务品牌。

泰州提出，加快建设青年和人才友好型城市，健全完善青年人才专项政策，集成提供就业创业指导、配偶随迁安置、住房保障、医疗保障、子女入学等一揽子政策体系，吸引更多优秀青年人才来泰州、回泰州、留在泰州。

在 2023 年 8 月 31 日召开的泰州市青年和人才友好型城市建设大会上，泰州发布《关于进一步加快青年和人才集聚的若干政策措施》，即"青年和人才 8 条"。有评论指出，为了集聚更多优秀青年和人才，全力打造"泰有引力"人才生态，泰州拿出真金白银，倾注真情实意。比如首次设立留泰专项补贴，新增专科生购房券，每年确定 10 所高校分别设立"泰州奖学金"，创新"双落户"制度，等等。

和过去的政策相比，"青年和人才 8 条"有不少突破和创新。一是扩大了范围，面试补贴和购房券补贴实现"两个扩大"，即由实体企业扩大到各类企业和社会组织，由应届生扩大到 40 周岁以下大专以上学历青年人才。二是提高了标准，"双创"人才项目资助额度、购房券、生活补贴等，都不同程度地调高。三是打破了地域限制，对经认定的离岸创新中心全职工作的研发类人才给予补贴，不受社保、纳税等限制。四是创新了体制机制，推行高层次人才"双落户"，妥善解决人才配偶随迁问题。

"青年和人才8条"围绕"一个产业体系、四个特色产业集群"定位，进行了专业化的政策创新。在解决"卡脖子"问题的科技领军人才方面，比如鼓励双创人才申报省"登峰计划"，对入选对象给予100万元一次性奖励；优化"凤城英才计划"双创引进专项，根据项目质量、规模及预期效益，经评审认定，区分不同层次，三年内给予50万—500万元资助。同时，针对"一个产业体系、四个特色产业集群"发展的紧迫需求，实行"落户在高校、创业在园区"的"双落户"政策。对引进到泰州的高层次急需紧缺人才，其配偶在市外工作的，如有意愿来泰州，按照"岗位相近、双向选择"的原则，可以协调安排到泰州市相应单位工作。

## 营商环境升级版：专业化服务

2023年8月底，初秋时分的江苏新时代造船有限公司船坞内，依然"热流"涌动。前往采访的记者看到，船坞里，左右两侧分别停着一艘船，机器和工人不时往来其间。两艘船已进入后期的分段组装和测试阶段，在9月中旬离泊试航后，将分别交付至瑞士和新加坡。

据悉，2023年这家企业新接订单32艘，其中一半以上是企业研发设计的新一代具有自主知识产权的双燃料动力船型。该公司一名高层管理人员说，截至2023年8月底，已经交付了21艘船，"在优化生产结构的基础上，提前完成了原定任务量"。目前公司在手订单共96艘，排期已经到了2027年。

靖江是全国最大的民营造船基地、国家级船舶出口基地，船舶及其配件出口一直是靖江对外贸易的支柱，船舶及其配件产业也一直是靖江重点产业集群之一。截至 2022 年，在高技术船舶产业领域，靖江共拥有 31 家规上工业企业，实现产值 280 亿元。数据显示，2023 年上半年，靖江船舶产业出口实现大幅增长，出口新船载重吨、金额同比分别增长 38％、36.3％。船舶配套企业同样表现不俗，2023 年上半年，靖江船用锚链、海洋工程系泊链等出口同比增长 49.8％，集装箱出口 1.34 亿美元（折合人民币 9.65 亿元），同比增长 22.4％。

以上数据和靖江经济总量的增长几乎是并驾齐驱。2023 年上半年，靖江经济总量也呈现增长之势，地区生产总值达到 627.84 亿元，同比增长 8.6％，规上工业实现总产值 770.11 亿元，同比增长 8％。两项增速均列泰州市第一位。

在填补国内相关领域技术空白方面，泰州的众多药企同样扬鞭奋蹄，跑出"加速度"。记者 2023 年 7 月在江苏荃信生物公司发现这里正紧锣密鼓地进行新款药物临床三期试验。记者了解到，过去患者使用同类进口药物一针需 4 万元，即使该药物进入医保价格降到一针 3000 元，患者每年仍需要花费 10 万元左右。而该公司拥有自主知识产权的这款新产品上市后，患者每年只需花费 1 万元左右。

企业跑出"加速度"，很大程度得益于泰州不断优化的营商环境，准确地说，得益于近年来泰州以专业化服务打造的营商环境升级版。

泰州市领导曾于 2023 年 6 月撰文，介绍泰州如何以"泰好办"专业化服务打造营商环境升级版，指出泰州坚持把专业化服务作为核心竞争力，遵循产业发展规律、把握产业发展逻辑，在专业化服务团队、专业化服务平台、专业化服务机制建设等方面积极探索。

首先是打造专业化服务团队。泰州坚持让专业的人做专业的事，分产业、分领域打造具有相关专业背景的高层次服务团队。

以医药产品注册申报为例，泰州组建了"四个 90％"（90％以上为硕士及以上学历，90%以上毕业于一流大学的医药相关专业，90%以上具有国家或省药监局挂职学习经历，90%以上拥有国家或省药监局检查员资质）的专业化注册申报队伍，显著提升了服务企业的效率，企业产品注册申报的成功率同样获得显著提升。截至2023年6月，泰州医药高新区在研和申报一类新药达到80个，4个一类新药产品获批投产，获得药品注册批件181张、医疗器械注册证及备案证3007张，在全国同类园区中位居前列。

实际上，围绕"一个产业体系、四个特色产业集群"，泰州以开发园区为基础单元，都建立了专业化服务团队，把园区不仅打造成产业的集聚区，更打造成专业化服务的示范区、专业化解决方案的交付区。

其次是建设专业化服务平台。泰州坚持"政府搭台、企业唱戏"，从市场需求和企业需要出发，积极搭建专业化服务平台。

一是搭建公共服务平台。泰州不仅在医药领域，而且在化工、不锈钢、光伏、健康食品等领域均建成了一批专业化服务平台，为企业发展提供了强有力的支撑。

以生物医药行业为例，泰州结合行业特征，建成"1＋21"公共服务平台体系。"1"，即全省首家药监综合体，集区域性监管和创新服务于一体，为医药企业提供全链条服务保障；"21"，即围绕药物研发、中试、CMO（合同加工外包）、检测、销售等全产业过程，建成21个特色鲜明的公共技术服务平台，有效帮助企业降低成本、便捷地获得经营资质和市场空间。据悉，疫苗工程中心作为全国规模最大的疫苗成果转化平台，已经孵化出50多家生物制品相关企业，其中包括2家上市企业。

二是搭建创新服务平台。泰州依托专业化的行业协会、高端科研院所以及先进地区的创新资源，为有创新需求的企业提供专业化服务。比如，大力推进行业咨询、专业研发等科研机构建设，助力项目孵化转化。同时积极梳理企业创新需求，提供专业化的创新支持，离岸建设突破成长天花板的创新基地、

"深造学校"等。截至 2023 年 6 月，泰州已在上海、北京等地布局建设离岸创新中心 13 家，并与长三角国创中心、上海大学、上海临港科技创业中心等 15 家单位建立了合作关系。

此外，搭建金融保障平台。泰州一方面积极引进专业化民间投资机构，为中小企业开展量身定制服务；另一方面，积极设立政府产业基金，为企业提供全生命周期的金融服务。

最后，完善专业化服务机制。以专业化制度建设保障专业化服务成效，这方面泰州有不少创新和突破。

泰州提出完善专项联络机制。比如，为了畅通政企常态化沟通交流渠道，聘请 116 名"1＋4"产业体系中的企业家作为全市营商环境观察员，既为企业发声，也为产业建言，建立起直接向市委、市政府主要负责人反映问题的直通车，方便党委、政府更好吸纳企业家的专业化建议。

与此同时，通过邀请权威部门领导、行业专业人士对产业和企业进行"把脉体检"，更有针对性地为企业发展、产业升级出谋划策，提供专业化的解决方案，这也是泰州所总结的"完善专家会诊机制"。

审批机制改革，是各地营商环境优化的基本动作，泰州在该领域同样呈现专业化服务创新，即完善专窗审批机制。为深化"一件事"改革，泰州设置 1000 多个"一件事"专窗，在江苏省定 13 个"一件事"的基础上，新增重大产业项目审批、专业人才服务等 50 个重点改革事项，以期通过高效率的专业审批服务，助力企业加速发展。

另外，泰州还全面落实"店小二"式服务，完善专员服务机制。具体做法是，在市县两级重点经济部门选派熟悉政策、精通业务的骨干人员，下沉一线担任驻厂员，"零距离"服务企业。

泰州通过全覆盖、全方位、全生命周期的专业服务，打通需求端、研发端、生产端、销售端，实现高效协同的高质量发展。

优化营商环境既是攻坚战，也是持久战。泰州把专业化服务作为核心竞争力，以专业塑造特色优势，以专业赢得企业信赖，持续高效优化营商环境，不断擦亮"健康名城、幸福泰州"金字招牌。

## 泰州企业
## 有话说 ▶

江苏亚星锚链股份有限公司董事长：

营商沃土成就世界锚链大王

亚星创建40多年来，从一个小小的村办铁匠铺起步，发展成如今多种产业链布局的上市企业；从手工敲打普通锚链起步，成为锚链、系泊链世界双料冠军，到建成海工产业基地，又大手笔进军深海、深井高端能源领域。亚星从无到有、从有到优、从优到强，完成了自身的变革。

我们始终把创新作为企业发展的第一动力，公司拥有国家技术中心和省级研发中心，每年的研发经费占到年销售收入的4.5%左右，荣获国家科学技术进步特等奖一项，连续两次被工信部评定为"制造业单项冠军示范企业"。

每一步的跨越都离不开各级政府的支持与关怀，亚星一直是地方政府的重点支持企业，也持续得到了各级政府的支持与肯定。

泰州市委、市政府通过民营经济高质量发展研讨会等形式直面企业发展困难，面对面听取我们在泰企业家代表的意见建议，现场为我们解读政策、回应需求，坦坦荡荡、身体力行地和我们民营企业家交朋友，脚踏实地为民营企业排忧解难，让我们切实感受到营商环境的优化和效果。这种良性循环的新型政商关系，也让我们民营企业在泰州发展得更有归属感、更有获得感、更有幸福感。

泰州的"放管服"改革持续推进，"放"的是束缚，"管"的是秩序，"服"的是民生。无论是税收优惠还是贷款支持，都让我们感受到了政府的温暖和关怀。这种关怀，让我们有了更多的信心和决心，去开拓更广阔的市场，去布局更大的领域。近年来，亚星紧跟国家发展战略，在新能源领域崭露头角，形成"风、光、水、火"全产业链布局，从海上油气平台系泊链向陆上采煤高性能矿用链挺进，在系泊链全面超越进口产品后，再一次扛起高性能矿用链国产化的大旗，在深海、深地的不断拓展中努力实现科技高水平自立自强。

营商环境优，民营企业信心足。国家政策的引导，政府部门的倾力支持，为亚星提供了稳健的发展基石。在良好的营商环境下，亚星将继续敢闯敢干，勇攀高峰。

（内容源自"企业家幸福感营商对话暨制造业立市苏州论坛"，有删节。）

# 跋

## 以居民个体的幸福感为中心建设和经营我们的城市

我出生在农村，但过去几十年的大部分时间里，都生活在大城市。因为工作关系，也去过国内外很多的大城市。不过，坦率地说，以前对城市的了解和理解都不够。到浙大城市学院工作以后，深感要做好自己的工作，需要补一补认识城市这门课。利用写这篇跋的机会，把自己对城市经营的思考简单地说一说。

所谓最具幸福感城市，就是居民幸福感最强的城市。本质上就是居民个人作为一个主体，在一座城市中产生的感觉、形成的能力和塑造的品质。幸福感城市的建设，归根结底，就是培育幸福主体；就是让生活于城市的个体既能够拥有真正的感受力，又能保持很好的发展性与成长性，并且具有良善的品行。

我们国家的城市化进程很快，城市化程度还在持续提高，将来应该会达到更高的水平，尤其是沿海发达地区如珠三角、长三角一带的城市，大城市、中心城市、城市群的人口聚集度会极高。城市已经成为大多数人终身生活与发展的平台。城市能否给人带来幸福感，就成为衡量一个国家能否给人民带来幸福感的重要标尺之一。

城市应该成为居民感知幸福的基本场景。城市的软硬件设施的建设管理水平和各类服务水平，城市自然生态与人文生态环境的品质，城市给人带来的工作和生活体验以及审美感受等，是决定居民幸福感的外部条件。

城市应该成为居民发展幸福生活能力的重要场域。教育、医疗、就业，生产、消费、投资，居民从事现代生产与生活所必须具备的能力，应该是幸福生活的基本能力，要在城市这个场域得到实践、锻炼和提高。

城市应该成为一所培养居民良善品行和公共精神的大学校。它不是传统意义上的学校，而是一所没有围墙的大学校，是一个生活世界中的教育场景；在某种意义上，城市也应该成为族群融合的大熔炉。那么，我们的城市能够让人学到什么呢？能够让新一代主体，尤其是年轻人，获得什么样的教育呢？这是两个带有根本性的问题。古希腊的柏拉图、亚里士多德讲城邦与公民之间相辅相成的那种关系，在如今就转化为城市与居民之间相互成就的关系。

城市应该传播什么东西、展示什么东西、教化什么东西？城市里的各种艺术品应该怎么摆设、各式文化微景观应该怎么设计？城市中的广告牌上又应该呈现什么样的形象、什么样的人物？这涉及诸多细节，有些甚至不是细节，而是很重要的内容。杭州市区道路斑马线上的"车让人"风景，不仅是市民的一种道德行为，更是一种品德教育示范。但目前中国的绝大多数城市，都有很多需要改进的地方。例如，城市盲道不堪入目，它们被胡乱停放的自行车、电动车等挤占——对于盲人来说，这简直就是一个梦魇。

最具幸福感的城市，应该是最把人当人看的城市。换言之，就是一切以人民为中心的城市。这究竟是什么意思呢？它应该是把每一个生活在城市里的居民当作一种需要认真对待的场景，否则在城市发展和治理中就有可能出现族群之间的歧视、压迫和剥夺问题。比如，在数字化时代，数字鸿沟和数字难民就自然出现了。一些人认为先进、适用的技术应用，对某些主体而言，却是不需要的、不便利的。强迫居民接受数字化的"宰制"，这样的城市治理就没有做到以人为本，就说不上是善治。我们绝对不能把"以人民为中心"这一理念虚化，它的终极含义应该是以所有的个体为中心，而不是随意把某个个体或某类小群体排除在人民之外。如果我们把每个个体当作场景来讨论、规划，那么以人民为中心来创造城市的幸福感，就不仅是具体的而且是具有可操作性的。

尤为重要的是，在城市生活的那些弱势群体和边缘群体，比如老弱病残和外来务工人员，他们的感受往往就界定了城市文明和城市幸福感所能够达到的高度。这是一件非常明确且严格的事。我有一个断言：一座城市的治理，使得能享受到现代城市文明的居民自身的社会层次越低，则它所达到的文明程度就越高。如果一座城市让那些身体不自由者和社会底层人士都能获得做人的尊严和生活的便利，那么这一定是一座能让所有人都产生幸福感的城市。

中国共产党的执政理念是执政为民，是一切以人民为中心。在城市治理中，也必须把每一个居民的幸福当作基础设施建设、制度与政策设计以及各类服务所围绕的主轴，打造幸福标杆城市的工作必须围绕生活于或者将要生活于这座城市的主体来展开。他们将从便利中得到愉悦，在认同中感到欣慰，收获实现创业梦想那般的高峰体验，体验到这一辈子最想过的生活，直至在城市里安然终老。城市幸福感是由点点滴滴的小场景构建起来的，是由每一个居民的感受综合而成的，体现于多样性的物质文化生活和时空细节中。所以讨论这件事，一定不能有浮泛潦草的态度，不能大而化之，更不能抱着技术精英和权力精英的傲慢，仅仅以供给者的视角去看问题。我们固然需要有整体的规划与设计，但它必须能够回应居民个体的诉求。只要我们的城市管理者和服务者心中装着具体的人，力图从满足个体的幸福感诉求出发考虑问题，那么就一定能更加容易地发现许多需要改进的问题，也更容易找到城市建设与发展中的短板和痛点。在这个意义上说，最具幸福感城市的建设也一定是一个发扬民主的过程。我记得十多年前，杭州曾经提出"民主促民生"的理念，我觉得这个理念也是适用于营造城市幸福感这件事情的。

近年来，中国城市的发展中出现了一些有意思的案例，非常值得关注，尤其是那些被纳入"中国最具幸福感城市"榜单的城市，更应该作为现象级案例重点考察。中国幸福城市杭州研究中心、中国幸福城市实验室精心策划的"幸福城记"丛书，旨在结合"中国最具幸福感城市"评选活动，进行理论与案例研究，探索幸福城市的共性与个性，形成科学合理的评价体系，传播幸福城市建设的经验，这是很有意义的工作。

是为跋。

罗卫东